UMA MENSAGEM PARA GARCIA

E OUTROS ENSAIOS

Título original: *A Message to Garcia/Jesus Was An Anarchist/Love, Life & Work*

copyright © Editora Lafonte Ltda. 2024

Todos os direitos reservados.
Nenhuma parte deste livro pode ser reproduzida por quaisquer meios existentes sem autorização por escrito dos editores.

Direção Editorial *Ethel Santaella*

REALIZAÇÃO

GrandeUrsa Comunicação

Direção	*Denise Gianoglio*
Tradução	*Otavio Albano*
Revisão	*Diego Cardoso*
Capa, Projeto Gráfico e Diagramação	*Idée Arte e Comunicação*

Dados Internacionais de Catalogação na Publicação (CIP)
(eDOC BRASIL, Belo Horizonte/MG)

H875m   Hubbard, Elbert.
         Uma Mensagem para Garcia e Outros Ensaios / Elbert Hubbard; tradução Otavio Albano. – São Paulo, SP: Lafonte, 2024.
         112 p. : 15,5 x 23 cm

         ISBN 978-65-5870-586-4 (Capa A)
         ISBN 978-65-5870-587-1 (Capa B)

         1. Ficção americana. 2. Literatura americana – Ensaios. I. Título.
                                                              CDD 813

Elaborado por Maurício Amormino Júnior – CRB6/2422

Editora Lafonte

Av. Profª Ida Kolb, 551, Casa Verde, CEP 02518-000, São Paulo-SP, Brasil – Tel.: (+55) 11 3855-2100
Atendimento ao leitor (+55) 11 3855-2216 / 11 3855-2213 – atendimento@editoralafonte.com.br
Venda de livros avulsos (+55) 11 3855-2216 – vendas@editoralafonte.com.br
Venda de livros no atacado (+55) 11 3855-2275 – atacado@escala.com.br

Elbert Hubbard

Uma Mensagem para Garcia

e Outros Ensaios

Tradução
Otavio Albano

Brasil, 2024

Lafonte

SUMÁRIO

Prefácio	6
Contexto Histórico	12
Uma Mensagem para Garcia	18
Jesus era um Anarquista	28
Poder de um Homem Só	36
O Estranho	41
Uma Oração	46
Atitude Mental	48
Carta de Abraham Lincoln	53
Amizades Exclusivas	61
A Loucura de Viver no Futuro	67
O Espírito do Homem	70
Iniciativa	74
O Neutro	76
Empatia, Conhecimento e Equilíbrio	79
Amor e Fé	83
Trabalho e Desperdício	86
Preparando-se para a Velhice	89
A Questão do Ex-Condenado	96
O Gramático	104
A Melhor Religião	108

PREFÁCIO

Esta ninharia literária, *Uma Mensagem para Garcia*, foi escrita certa noite, após o jantar, em apenas uma hora. Isso aconteceu no dia 22 de fevereiro de 1899, aniversário de Washington[1], e havíamos acabado de lançar o *March Philistine*[2].

A coisa toda saltou fervendo do meu coração, escrita depois de um dia difícil, em que eu tentara convencer alguns cidadãos negligentes a renunciarem ao seu estado comatoso e partirem para a ação.

A inspiração imediata, no entanto, veio de uma pequena discussão a respeito de xícaras de chá, quando meu filho Bert sugeriu que o tenente Rowan era, de fato, o grande herói da Guerra Cubana. Rowan tinha ido para lá sozinho e feito o que era preciso – levado a mensagem para Garcia.

---

1 Referência a George Washington (1732-1799), líder político e militar estadunidense e primeiro presidente de seu país, logo após a vitória na Guerra de Independência Americana. (N. do T.)

2 "*Março Filisteu*", periódico político de protesto editado anualmente no mês de março (de onde vem seu nome), entre 1896 e 1910. (N. do T.)

A ideia veio-me como um raio! Sim, o garoto está certo, herói é o sujeito que faz o seu trabalho – que leva a mensagem para Garcia. Levantei-me da mesa e escrevi *Uma Mensagem para Garcia*. Pensei tão pouco no que escrevera que o publicamos na revista sem nenhum título. A edição saiu, e logo começaram a chegar pedidos de cópias extras do *March Philistine*, uma dúzia, cinquenta, cem, e quando a *American News Company*[3] pediu mil, perguntei a um dos meus ajudantes qual era o artigo que vinha agitando aquela poeira cósmica. — É o artigo sobre Garcia — disse ele.

No dia seguinte, chegou um telegrama de George H. Daniels[4], da Companhia de Trens de Nova Iorque, dizendo: — Passe-me o valor de cem mil artigos da Rowan em formato de panfleto, com um anúncio do *Empire State Express*[5] no verso. E também quando poderá enviá-los para mim.

Respondi-lhe passando o preço, e declarei que poderíamos fornecer os panfletos em

---

3 Distribuidora de revistas, jornais, livros e histórias em quadrinhos fundada em 1864 e líder de mercado durante toda a primeira metade do século XX. (N. do T.)

4 George Henry Daniels (1842-1908) foi um empresário do ramo ferroviário estadunidense. (N. do T.)

5 Trem de passageiros que circulou entre os anos de 1892 e 1967 nas regiões noroeste e Meio-Oeste dos Estados Unidos. (N. do T.)

dois anos. Tínhamos instalações pequenas e cem mil livretos pareciam uma empreitada terrível demais.

Como resultado, acabei concedendo a permissão de reimpressão do artigo ao sr. Daniels, à sua maneira. Ele o publicou em forma de livreto em tiragens de meio milhão de unidades. Dois ou três desses lotes de meio milhão foram distribuídos pelo Sr. Daniels e, além disso, o artigo foi reimpresso em mais de duzentas revistas e jornais. E também foi traduzido para todas as línguas escritas.

Na época em que o sr. Daniels estava distribuindo *Uma Mensagem para Garcia*, o príncipe Hilakoff, diretor da Companhia Ferroviária Russa, estava nos Estados Unidos. Era o convidado da Companhia de Trens de Nova Iorque e fez uma excursão pelo país sob os cuidados pessoais do sr. Daniels. O príncipe viu o pequeno livro e se interessou por ele – mais porque o sr. Daniels o estava publicando em grandes tiragens, muito provavelmente, do que por algum outro motivo. De qualquer forma, quando chegou ao seu próprio país, traduziu-o para o russo, e uma cópia do livreto foi dada a todos os funcionários ferroviários da Rússia.

Em seguida, outros países adotaram-no, e, da Rússia, foi também para Alemanha, França,

Espanha, Turquia, Hindustão e China. Durante a guerra entre a Rússia e o Japão, todo soldado russo na frente de batalha recebia uma cópia de *Uma Mensagem para Garcia*. Os japoneses, encontrando os livretos em posse dos prisioneiros russos, concluíram que devia ser algo bom e, por isso, traduziram-no para o japonês.

E, por ordem do *Mikado*[6], cada homem empregado pelo governo japonês, soldado ou civil, recebeu uma cópia. Mais de quarenta milhões de cópias de *Uma Mensagem para Garcia* foram impressas. Dizem ser uma circulação maior do que qualquer outro empreendimento literário já atingiu durante a vida de seu autor, em toda a história – graças a uma série de afortunadas coincidências.

Elbert Hubbard
1º de dezembro de 1913

---

[6] Antigo termo japonês para "imperador" e, mais especificamente, para o Imperador do Japão, significando "caminho sublime". (N. do T.)

CONTEXTO HISTÓRICO

A Guerra Hispano-Americana, ocorrida em 1898, desenhou novos contornos no cenário geopolítico global. O conflito eclodiu a partir da intervenção dos Estados Unidos na Guerra de Independência de Cuba e, com duração de apenas alguns meses, marcou o fim do império colonial espanhol e o surgimento dos Estados Unidos como potência mundial.

Durante o século XIX, Cuba foi uma das últimas colônias espanholas nas Américas. A ilha possuía grande importância econômica, especialmente pela produção de açúcar. Para os EUA, uma nação em crescimento, o controle sobre a região era uma questão estratégica. O presidente norte-americano **William McKinley** e seu governo temiam que a instabilidade local prejudicasse seus interesses econômicos.

USS Maine antes e depois de sua destruição, em 1898

Fotos: Centro Histórico Naval dos EUA

A explosão do navio de guerra norte-americano **USS Maine**, ancorado em Havana, em 15 de fevereiro de 1898, acendeu a chama da guerra. A imprensa norte-americana atribuiu o incidente a um ato de sabotagem espanhol, inflamando os ânimos.

Embora a questão principal fosse a independência de Cuba, a guerra de dez semanas foi travada tanto nas Caraíbas quanto no Pacífico. A modernização da Marinha dos Estados Unidos, que já estavam no caminho de se tornar a maior potência industrial do planeta, foi decisiva. A esquadra espanhola encontrava-se enfraquecida e dispersa.

Sob o comando do Secretário **Theodore Roosevelt**, o poder naval americano permitiu que as forças expedicionárias do país desembarcassem em Cuba contra uma guarnição espanhola fragilizada por ataques de revoltosos cubanos e pela febre amarela.

O resultado foi o Tratado de Paris, de 1898, que permitiu o controle temporário americano sobre Cuba e cedeu aos Estados Unidos, por tempo indeterminado, a autoridade sobre Porto Rico, Guam e Filipinas, antigas colônias da Espanha. Foi um ponto de inflexão nas relações internacionais, ampliando significativamente a influência norte-americana no mundo.

O ensaio de Elbert Hubbard, publicado logo após a guerra, resgata a figura do mensageiro que, de forma heroica, enfrenta todos os desafios possíveis para entregar uma carta do presidente americano ao general Calixto García y Iñiguez, líder rebelde cubano.

O personagem foi inspirado na biografia do tenente **Andrew Summers Rowan**, que, formado na Academia Militar dos Estados Unidos de West Point, recebeu a tarefa de encontrar Garcia, obter sua cooperação e mapear a força dos exércitos insurgentes.

O tenente se conectou com a Junta Revolucionária Cubana e conseguiu chegar de barco até a costa sudeste de Cuba. Depois, seguiu viagem de oito dias a cavalo em companhia dos rebeldes pelas montanhas de Sierra Maestra. Rowan se juntou a Garcia na cidade de Baymo, em 1º de maio.

Após completar sua missão, recebeu a *Distinguished Service Cross*, a segunda maior condecoração militar do Exército dos Estados Unidos, e se tornou símbolo do soldado que, durante a guerra, cumpre sua missão com determinação e eficiência.

General William Ludlow e general Calixto Garcia, em 1898.

Coronel Roosevelt e o Primeiro Regimento de Cavalaria Voluntária dos Estados Unidos

UMA MENSAGEM PARA GARCIA[1]

---

1 Referência a Calixto Garcia y Iñiguez (1839-1898), general nacionalista cubano que, aliado aos Estados Unidos, chefiou seu país em uma guerra contra a Espanha pela independência. (N. do T.)

Como o frio da neve na época da colheita, assim é o mensageiro fiel àqueles que o enviam, porque revigora a alma de seus senhores.

— *Provérbios 25:13*

Em toda essa questão cubana há um homem que se destaca no horizonte da minha memória, tal qual Marte no periélio.

Quando estourou a guerra entre a Espanha e os Estados Unidos, tornou-se extremamente necessário comunicar-se rapidamente com o líder dos insurgentes. Garcia estava em algum lugar nas montanhas de Cuba – ninguém sabia onde. Nenhuma mensagem de correio ou de telégrafo poderia alcançá-lo. O Presidente havia de assegurar a sua cooperação, e rapidamente. O que fazer?

Alguém disse ao presidente: — Se há um homem que pode encontrar Garcia para o senhor, esse sujeito se chama Rowan[2].

Rowan foi chamado e recebeu uma carta para ser entregue a Garcia. Como "o sujeito chamado Rowan" pegou a carta, guardou-a em uma bolsa impermeável – amarrando-a junto ao peito –, quatro dias depois desembarcou na costa de Cuba em um barco aberto, à noite, desapareceu na selva e, em três semanas, chegou ao outro lado da ilha, depois de atravessar a pé uma região hostil, entregando sua carta a Garcia – são coisas que não tenho nenhum desejo especial de contar agora em detalhes. O que quero

---

2 Andrew Summers Rowan (1857-1943) foi um tenente do Exército americano que serviu na Guerra Hispano-Americana e na Guerra das Filipinas. (N. do T.)

ressaltar é o seguinte: McKinley[3] deu a Rowan uma carta para ser entregue a Garcia, Rowan pegou a carta e não perguntou: — Onde está ele? — Por Deus, se há um homem cuja figura deveria ser fundida no imortal bronze e ter sua estátua colocada em todas as escolas do país, esse homem é Rowan. Não é do aprendizado de livros que os jovens precisam, nem de instruções sobre isto e aquilo, mas sim de um enrijecimento das vértebras, que os torne fiéis à confiança alheia, que os faça agirem prontamente e a concentrarem suas energias; enfim, que façam o que tem de ser feito. — Levem uma mensagem para Garcia.

O General Garcia já morreu, mas há outros Garcias.

Nenhum homem que tenha conseguido cumprir uma missão em que muitas mãos eram necessárias deixa de se chocar, às vezes, com a imbecilidade dos homens medíocres – com sua incapacidade, ou simples falta de vontade, de se concentrar em uma só coisa, e fazê-la.

Contribuições negligentes, distrações tolas, esforços desinteressados e rude indiferença parecem ser a regra; e nenhum homem chega a conseguir que o ajudem, a não ser a todo custo – mediante ameaças, suborno ou apelando para a mera obrigação –, ou se Deus, em Sua infinita bondade, chegue a realizar um milagre, enviando-lhe um Anjo de Luz como assistente. Você, leitor, coloque o que digo à prova: deve agora estar sentado em seu escritório, com seis de seus funcionários de serviço. Convoque qualquer um deles e faça-lhe este pedido: — Por favor, vá

---

3 William McKinley (1843-1901) foi um político americano que serviu como 25º presidente dos Estados Unidos, de 4 de março de 1897 até seu assassinato, em 14 de setembro de 1901. (N. do T.)

procurar na enciclopédia e faça-me um breve resumo da vida de Correggio[4].

Será que o tal funcionário responderá calmamente: — Sim, senhor — e executará a tarefa?

Aposto sua vida que não. Há de olhar para você com olhos de peixe morto e fará uma ou mais das seguintes perguntas:

— Quem era ele? Qual enciclopédia? Onde está a enciclopédia? Fui contratado para isso? Por acaso não quis dizer Bismarck[5]? Não seria melhor mandar Charlie fazer essa tarefa? Por acaso, ele está morto? Está com pressa? Não seria melhor lhe trazer o livro para que pesquise o senhor mesmo? Por que quer saber sobre essa pessoa?

Aposto também – dez contra um – que, depois de você ter respondido às perguntas e explicado como encontrar todas as informações e por que as deseja, o funcionário sairá e chamará um dos outros funcionários para ajudá-lo a tentar encontrar Garcia... Para depois voltar e dizer que tal homem não existe. É claro que posso perder a minha aposta, mas, de acordo com a Lei da Mediocridade, acho difícil.

Agora, se você for sábio, não se preocupará em explicar ao seu "assistente" que Correggio está indexado na letra C – e não K –, mas sorrirá com toda a docilidade

---

[4] Correggio é o epíteto do pintor renascentista italiano Antonio Allegri (1489-1534), contemporâneo de Leonardo da Vinci (1452-1519) e Rafael (1483-1520). (N. do T.)

[5] Otto Eduard Leopold von Bismarck-Schönhausen (1815-1898) foi um estadista e diplomata prussiano, conhecido como Chanceler de Ferro. (N. do T.)

e acabará dizendo: — Não se preocupe — e irá procurar você mesmo.

E essa incapacidade de ter iniciativa, essa estupidez moral, essa total falta de vontade, essa relutância em animar-se para pôr algo em prática – é esse tipo de coisas que coloca o socialismo legítimo tão longe de nós. Se os homens não são capazes de agir por conta própria, o que haverão de fazer quando o benefício de seus esforços for dividido entre todos? Parece até mesmo necessário um primeiro imediato com um bastão a postos; e o pavor de "ir para o olho da rua" no sábado à noite é o que mantém muitos trabalhadores em seu lugar.

Anuncie a vaga de um estenógrafo, e nove em cada dez daqueles que se inscreverem não saberão soletrar nem pontuar – e tampouco acharão necessário fazê-lo.

Por acaso alguém assim seria capaz de escrever uma carta a Garcia?

— Está vendo aquele contador? — perguntou-me um encarregado em uma grande fábrica.

— Sim, que tem ele?

— Bom, é um ótimo contador, mas se eu o mandasse para o centro da cidade para fazer alguma tarefa, poderia cumpri-la sem qualquer problema. Contudo, por outro lado, era bem capaz de parar em quatro bares no caminho e, quando chegasse à rua principal, já teria esquecido o motivo pelo qual mandaram-no ir até ali.

Pode-se confiar a um homem assim a tarefa de levar uma mensagem para Garcia?

Recentemente, temos ouvido muitas conversas piegas simpáticas aos "oprimidos ocupantes das fábricas exploradoras" e aos "andarilhos sem-teto à procura de um emprego honesto" e, acompanhando-as, no mais das vezes ouvem-se muitas palavras duras para os homens no poder.

Não se diz nada a respeito do empregador que envelhece antes do tempo, em uma vã tentativa de fazer com que os desleixados e desajeitados façam seu trabalho de maneira inteligente, nem de seu longo e paciente esforço com os "ajudantes" que nada mais fazem do que vadiar quando ele vira as costas. Em cada loja e fábrica, há um processo constante de eliminação. O empregador está continuamente demitindo "ajudantes" que demonstram a sua incapacidade de promover os interesses do negócio, contratando outros em seu lugar.

Não importa quão bons sejam os tempos que vivemos, essa seleção não para: e apenas se os tempos se tornarem difíceis e o trabalho escasso é que enfim melhorará – mas, então, os incompetentes e desmerecedores serão eliminados para sempre. É a sobrevivência do mais apto. O interesse próprio leva cada empregador a manter os melhores em seus negócios – aqueles que podem levar uma mensagem a Garcia.

Conheço um homem de natureza realmente brilhante que não tem a capacidade de administrar um negócio seu e, ainda assim, mostra-se absolutamente inútil para qualquer outra pessoa, pois carrega consigo, constantemente, a tresloucada suspeita de que seu empregador o está oprimindo, ou de que pretende oprimi-lo. Ele não é capaz de dar ordens, nem tampouco de recebê-las. Se lhe dessem uma mensagem para levar a Garcia, sua resposta provavelmente seria: — Leve-a você mesmo!

Nesta mesma noite, esse homem anda pelas ruas à procura de trabalho, com o vento atravessando seu casaco puído. Ninguém que o conhece ousaria contratá-lo, pois ele é, constantemente, motivo de descontentamento. Mostra-se imune à razão, e a única coisa que pode impressioná-lo é a ponta de uma bota tamanho 40 com a sola bem grossa.

É claro que sei que alguém tão deformado moralmente não é menos digno de pena do que alguém com uma deformação física; mas, em nossa compaixão, deixemos cair também uma lágrima pelos homens que estão se esforçando para realizar grandes empreitadas, cujas horas de trabalho não se veem limitadas pelo apito da fábrica e cujos cabelos estão rapidamente embranquecendo por conta do empenho para manterem bem longe de si toda indiferença vulgar, negligência tola e ingratidão desalmada – pois, se não fosse por seus esforços, acabariam sem abrigo ou comida.

Fui muito duro ao falar de tal assunto? Possivelmente sim, mas, quando todo mundo parece se encontrar em uma situação degradante, desejo dizer uma palavra de simpatia pelo homem bem-sucedido – o homem que, contra todas as probabilidades, dirigiu os esforços alheios e, ao alcançar o sucesso, descobre que nem tudo o que reluz é ouro. Carreguei minha marmita e trabalhei por um soldo diário assim como fui empregador de mão de obra, e sei que há algo a ser dito por ambos os lados. Não há excelência, por si só, na pobreza, vestir trapos não leva a nada; nem todos os empregadores são gananciosos e arbitrários, nem tampouco todos os homens pobres são virtuosos.

Estimo o homem que faz seu trabalho quando o "chefe" está fora, assim como quando está presente. E o homem que, ao receber uma carta para Garcia, aceita a missiva em silêncio, sem fazer perguntas idiotas e sem nenhuma intenção oculta de jogá-la no esgoto mais próximo, ou de fazer qualquer outra coisa além de cumprir a missão de entregá-la – tal homem nunca é "posto na rua", nem precisa fazer greve por salários mais altos. A civilização é justamente uma longa e ansiosa busca por esse tipo de indivíduo. Qualquer coisa que tal homem peça lhe será concedida. Sua espécie é tão rara que nenhum empregador pode se dar ao luxo de dispensá-lo. Ele é procurado em todas as cidades, vilas e vilarejos – em todos os escritórios, lojas, armazéns e fábricas.

O mundo clama por isso: ele é necessário, muito necessário – o homem que pode levar...

UMA MENSAGEM PARA GARCIA.

OUTROS
ENSAIOS

JESUS ERA UM ANARQUISTA

EU SOU UM ANARQUISTA.

Todos os homens bons são anarquistas.

Todos os homens cultos e gentis; todos os cavalheiros; todos os homens justos são anarquistas.

Jesus era um anarquista.

Um monarquista é aquele que acredita que um monarca deva governar. Um plutocrata acredita no governo dos ricos. Um democrata defende que a maioria deva ditar. Um aristocrata pensa que apenas os sábios devam decidir, ao passo que um anarquista não acredita em governo.

Richard Croker é um monarquista; Mark Hanna, um plutocrata; Cleveland, um democrata; Cabot Lodge, um aristocrata; William Penn, Henry D. Thoreau, Bronson Alcott e Walt Whitman eram anarquistas[6].

Um anarquista é alguém que cuida da sua própria vida. Um anarquista não acredita em enviar navios de guerra através de vastos oceanos para matar homens de

---

[6] Respectivamente: Richard Croker (1843-1922) foi comissário do Corpo de Bombeiros da Cidade de Nova Iorque; Marcus Alonzo Hanna (1837-1904) foi senador dos Estados Unidos; Stephen Grover Cleveland (1837-1908) foi presidente dos Estados Unidos em dois mandatos, entre 1885 e 1889 e entre 1893 e 1897; Henry Cabot Lodge (1850-1924) foi senador dos Estados Unidos e historiador; William Penn (1644-1718) e Henry David Thoreau (1817-1862) foram autores estadunidenses; Amos Bronson Alcott (1799-1888) foi um pedagogo americano; e Walt Whitman (1819-1892) foi um poeta dos Estados Unidos. (N. do T.)

pele escura, devastar campos de arroz e queimar as casas das pessoas lutando por sua liberdade. Um anarquista não leva mulheres com bebês no peito ou com bebês por nascer, crianças e velhos para a selva para serem devorados por feras, pela febre ou pelo medo, ou morrerem de fome, sem teto, sem casa, completamente desamparados.

Destruição, violência, devastação e assassinato são perpetuados pela lei. Sem lei não haveria máquinas infernais, nem navios de guerra, nem canhões, nem balas de pistolas, nem cartuchos de rifles, nem baionetas, nem porretes, nem cassetetes, nem cabrestos, nem algemas, nem camisas de força, nem celas escuras, nem forca, nem muros de prisão para esconder as infâmias ali infligidas. Sem a lei, nenhuma alma pequenina que acabada de chegar dos céus seria considerada "ilegítima", permanentemente, assim que pisasse na Terra.

Sem lei haveria menos mentirosos, não haveria advogados, menos hipócritas e a Ilha do Diabo[7] tampouco existiria,

O Clamor dos Necessitados sobe a Deus em vão,
Pois entregue aos cruéis filhos de Caim está este chão;
É fraca a mão que haveria de nos abençoar,
E forte a mão que tenta nos aquebrantar,
E o poder da piedade nada mais é que o poder do cantar.
Os sonhos de nossos pais são hoje apenas poeira e troça,
E nada no mundo resta em que um homem confiar possa.

---

7 Colônia penal localizada na cidade de Caiena, na Guiana Francesa, fechada oficialmente em 1953. (N. do T.)

Paremos de esperar, sonhar, profetizar, pedir,
O mundo de ferro em seu caminho há de recair;
E nada resta senão observar,
com os olhos cheios de dó, desamparados,
Os bons propósitos para o mundo,
e seus velhos modos, finados.

Não vou tão longe assim – sou pessimista e otimista ao mesmo tempo, meu caro –, acredito que a brutalidade tende a derrotar a si mesma. Os combatentes condecorados morrem jovens, os gulosos contraem gota, o ódio machuca muito mais aquele que odeia, e todo egoísmo rouba da mente sua visão divina, desviando a alma do verdadeiro conhecimento. Apenas a mente é eterna!! Aquele que zela por Israel não dorme, nem cochila. Minha fé é grande: das trevas transitórias do presente as sombras fugirão, e o dia ainda há de amanhecer.

Eu sou um anarquista.

Nenhum homem que acredita na força e na violência é um anarquista. O verdadeiro anarquista condena todas as influências, a não ser aquelas advindas do amor e da razão. As ideias são suas únicas armas.

Sendo anarquista, também sou socialista. O socialismo é a antítese da anarquia. Um é o polo Norte da verdade; o outro, o Sul. O socialista acredita em trabalhar para o bem de todos, ao passo que a anarquia é puro individualismo. Acredito em todo homem trabalhando para seu próprio bem; e, ao trabalhar para seu próprio bem, ele trabalha para o bem de todos. Pensar, ver, sentir, saber; negociar com justiça; suportar tudo pacientemente; anunciar em silêncio; falar com alegria; moderar a voz – todas essas coisas haverão de lhe trazer o bem maior. Elas lhe trarão o amor dos melhores e a estima daqueles Poucos Sagrados, cuja opinião por si só vale a pena cultivar. E, além disso, eis a melhor maneira de servir a sociedade: viver a sua própria vida. A maneira mais sábia de beneficiar a humanidade é cuidar de seus próprios assuntos e, assim, dar às outras pessoas a oportunidade de cuidar dos assuntos delas.

Se existe alguma maneira melhor de ensinar a virtude do que praticando-a, eu não a conheço.

Quer tornar os homens melhores? Comece dando o exemplo.

O Milênio nunca haverá de chegar até que os governos deixem de governar e os intrometidos sejam deixados de lado. Os políticos são homens que se voluntariam para nos governar – mediante pagamento. O chefe político tem a pretensão de viver do trabalho que você desempenha. Um homem pode procurar um cargo público para dar cabo do patife que o está ocupando agora, mas, na maioria dos casos, os candidatos a cargos públicos são todos bandidos. Shakespeare usa a palavra político cinco vezes e, todas as vezes, como sinônimo de patife. Isto é, um político é aquele que sacrifica a verdade e a honra através da política. O propósito mais elevado da sua vida é a conveniência – a política. Na peça *Rei Lear*, para o "político ordinário" são os esfarrapados que contemplam pequenos vícios, ao passo que mantos e vestes de pele tudo cobrem.

A Europa está dividida entre oito grandes governos e, em tempos de paz, mais de três milhões de homens são retirados das fileiras da indústria e armas são colocadas em suas mãos, não para proteger o povo, mas para proteger um governo de outro.

A humanidade é governada pelo pior tipo de gente – e o maior exemplo disso pode ser visto nos municípios americanos – mesmo sendo verdade para todos os governos. Somos governados por bandidos que nos controlam por meio da lei estatutária. Se não fosse pela lei, o povo poderia se proteger contra esses ladrões, mas, agora, nos vemos impotentes e somos roubados dentro da legalidade. Uma forma moderada de coerção a que tais bandidos recorrem é nos chamar de antipatrióticos quando falamos a verdade a seu respeito. Pouco tempo atrás, eles teriam cortado nossas cabeças. O mundo gira.

O governo não pode ser eliminado instantaneamente, mas o progresso virá, como aconteceu no passado, quando se diminuiu o número de leis. Queremos menos governo, e o Governo Ideal chegará quando não houver governo nenhum.

Enquanto os governos derem o exemplo matando seus inimigos, os cidadãos haverão de, ocasionalmente, também matar os seus próprios. Enquanto os homens forem espancados, roubados, presos, desgraçados e enforcados pela classe governante, a ideia de violência e brutalidade nascerá nas almas dos homens.

Os governos prendem homens e, depois, quando estes são libertados, perseguem-nos.

O ódio brota eternamente no peito humano.

E o ódio nunca haverá de morrer enquanto os homens forem afastados de produzir algo útil com base no falso apelo do patriotismo, e as baionetas brilharem sob o sol puro de Deus.

E a pior parte de transformar um homem em soldado não é que o soldado mate homens pardos, negros ou brancos, mas é o fato do soldado perder a própria alma.

Eu sou um anarquista.

Não acredito em trancas, barras ou brutalidade. Faço meu apelo à Divindade que há nos homens, e eles, de alguma forma misteriosa, ao senti-la, não me decepcionam. Envio livros valorosos sem questionamentos, mediante solicitação por carta, para todas as partes da Terra onde o correio possa transportá-los, e nunca abusam de minha confiança. A Loja Roycroft[8] nunca fica trancada, e tanto funcionários quanto visitantes entram e saem à vontade, sem que nada tenha sido roubado ou quebrado. Minha biblioteca está à disposição para quem quiser usá-la.

No mundo lá fora, as mulheres ocasionalmente saem do cais na escuridão e então lutam pela vida nas águas profundas. A sociedade passa por elas com uma corda salvadora, mas, antes de lançá-la àquelas a ponto de se afogar, exige delas um certificado de probidade de seu pastor, ou uma carta de recomendação do Superintendente da Escola Dominical, ou o testemunho do Diretor de onde estudou. Não sendo capaz de apresentar tal documento, a coitada é deixada para morrer na escuridão.

A chamada "mulher de má vida" geralmente é aquela cuja alma está sendo dilacerada por um terrível esforço de oração a Deus para que possa voltar a ter uma base sólida e levar uma vida honesta. Acreditando nisso, o princípio

---

8 Roycroft é uma comunidade reformista de trabalhadores braçais, artesãos e artistas. Fundada pelo autor em 1895, na cidade de East Aurora, no estado americano de Nova Iorque, continua em funcionamento até hoje. (N. do T.)

de Roycroft é nunca pedir algo tão absurdo quanto uma carta de recomendação de ninguém. Temos uma centena de ajudantes e, embora não devamos imaginar de forma alguma que administramos um reformatório ou uma instituição de caridade, desejo dizer que me recuso clara e positivamente a discriminar entre pessoas de "boa" e "má" vida. Não condenarei, e nem por um instante imagino ser meu dever me dedicar a ter uma seção do Dia do Juízo Final.

Fixo meu pensamento no bem que há em cada alma, e é a isso que recorro. E tal plano mostra-se sábio, olhando-se para os resultados. Ele garante ajudantes leais, amigos dignos, faz com que o trabalho seja feito, ajuda na digestão e a ter um bom sono à noite. E devo dizer-lhes que se vocês nunca chegaram a conhecer o amor, a lealdade e a integridade de uma pessoa proscrita, nunca souberam o que amor, lealdade e integridade são de verdade.

Não acredito em governar pela força, sob ameaças ou qualquer outra forma de coerção. Eu não despertaria no coração de nenhuma criatura de Deus um só pensamento de medo, discórdia, ódio ou vingança. Haverei de influenciar os homens, se assim puder, mas apenas tentando ajudá-los a pensar por si próprios – e, assim, talvez por sua própria vontade, eles escolham o que há de melhor – os caminhos que levam à vida e à luz.

PODER DE UM HOMEM SÓ

Toda empresa com bons resultados é consequência do poder de um homem só. A cooperação, tecnicamente, é um sonho cintilante – as coisas cooperam porque o homem as faz. Ele as concretiza por meio de sua vontade.

Mas, ao encontrar esse homem e obter sua confiança, os olhos cansados dele olharão nos seus e o clamor do coração dele ecoará em seus ouvidos. — Ah, que alguém me ajude a suportar este fardo!

Então, ele lhe contará sobre sua busca incessante pela Habilidade e sobre suas contínuas decepções e frustrações ao tentar conseguir alguém que, ao ajudá-lo, acabasse ajudando a si mesmo.

A Habilidade é a única necessidade urgente do momento. Os bancos estão cheios de dinheiro, e por toda parte há homens à procura de trabalho. A colheita está madura. Mas a capacidade de comandar os desempregados e utilizar o capital está em falta – em falta, sim, infelizmente. Em cada cidade há diversos cargos que pagam de cinco a dez mil dólares anuais ainda por preencher[9], mas os únicos candidatos são homens que querem empregos a quinze

---

9 Aproximadamente entre quatrocentos mil e oitocentos mil dólares em agosto de 2024 – pouco mais de trinta mil a sessenta mil dólares mensais – contabilizada a inflação dos últimos 125 anos nos Estados Unidos. (N. do T.)

dólares por semana[10]. Seu homem Habilidoso já tem um posto. Sim, a Habilidade é um artigo raro.

Mas há algo que é muito mais escasso, algo muito mais refinado, algo mais raro do que a tal Habilidade.

É a capacidade de reconhecer a Habilidade.

O comentário mais severo que se pode fazer contra os empregadores enquanto classe reside no fato de que os homens Habilidosos geralmente conseguem mostrar o seu valor independentemente do empregador que têm, e não devido à sua ajuda e ao seu encorajamento.

Se você conhece a vida de homens Habilidosos, sabe que eles descobriram seu poder – quase sem exceção – por acaso ou acidente. Se o tal acidente que criou a oportunidade de descobri-la não tivesse ocorrido, o homem teria permanecido desconhecido e praticamente perdido para o mundo. A experiência de um certo Tom Potter, operador de telégrafo em uma pequena e obscura estação intermediária, é a verdade pintada em grande escala. Naquela noite terrível em que a maior parte dos fios foi derrubada e um trem de passageiros caiu da ponte, Tom Potter teve a oportunidade de se descobrir. Ele encarregou-se dos mortos e cuidou dos feridos, resolveu cinquenta sinistros – com ordens de pagamento da empresa – queimou os últimos vestígios dos destroços, afundou os resíduos de ferro no rio e consertou a ponte antes da chegada do Superintendente ao local.

— Quem lhe deu autoridade para fazer tudo isso? — o superintendente exigiu-lhe explicações.

---

10 O que totaliza apenas setecentos e oitenta dólares anuais, em valores da época. (N. do T.)

— Ninguém — respondeu Tom —, tomei para mim tal responsabilidade.

No mês seguinte, o salário de Tom Potter chegou a cinco mil dólares anuais, e em três anos ele estava ganhando dez vezes mais, simplesmente porque conseguia que outros homens fizessem o que era preciso.

Por que esperar por um acidente para descobrir outro Tom Potter? Vamos preparar armadilhas para ele e ficar à sua espreita. Talvez ele esteja logo ali na esquina, atravessando a rua, na sala contígua ou mesmo ao nosso lado. Inúmeros Tom Potters embrionários estão aguardando por sua descoberta e desenvolvimento, bastando procurá-los.

Conheço um homem que vagou pelas florestas e campos durante trinta anos e nunca encontrou uma só flecha indígena. Certo dia, ele começou a pensar em "flechas" e, saindo pela porta de casa, encontrou uma. Desde então, já recolheu um cesto inteiro delas.

Suponhamos que parássemos de lamentar a incompetência, a sonolenta indiferença e os desleixados "ajudantes" que estão sempre vigiando o relógio. Tais coisas existem – deixemos o assunto de lado admitindo sua existência, enfatizando, então, o fato de que rapazotes camponeses sardentos vêm de tudo quanto é canto e, assim que se encontram no front, passam a fazer coisas magistrais. Há um nome que se destaca na história como um farol depois de todos esses dois mil e quinhentos anos que se passaram, simplesmente por ter tido o sublime gênio de descobrir sua Habilidade. Esse homem é Péricles[11]. Foi Péricles quem fez Atenas.

E hoje a própria poeira das ruas de Atenas está sendo peneirada e revistada em busca de relíquias e restos de coisas feitas por pessoas que foram capitaneadas por homens Habilidosos, descobertos por Péricles.

Há pouquíssima competição nessa linha de descoberta da Habilidade. Sempre nos sentamos e lamentamos pelo fato de a Habilidade não aparecer em nosso caminho. Pensemos em "Habilidade" e, muito possivelmente, poderemos empurrar Péricles de seu pedestal, onde ele permaneceu por mais de vinte séculos – o homem com um gênio supremo para reconhecer a Habilidade. Salve, Péricles, e salve também você, Grande Desconhecido, que será o primeiro a imitar com sucesso este capitão de homens.

---

11 Péricles (?-429 a.C.) foi um célebre e influente estadista, orador e estrategista da Grécia Antiga, um dos principais líderes democráticos de Atenas. (N. do T.)

O ESTRANHO

Quando eu era um fazendeiro, percebi que sempre que comprávamos uma vaca nova e a colocávamos no pasto junto com o rebanho, havia uma inclinação geral por parte das demais em fazer a nova vaca pensar que havia caído em uma completa perdição. Afastavam-na da ração, expulsavam-na da água, e aquelas que tinham chifres mais longos – por várias semanas seguidas – não perdiam nenhuma oportunidade de lhe atacar, dando-lhe cutucões e empurrões vigorosos.

Com os cavalos era a mesma coisa. E lembro-me de uma pequena égua preta em particular que nós, meninos, costumávamos transferir de um pasto para outro, só para vê-la novamente em meio a uma diferente manada de cavalos, atacando-os agressivamente com os cascos nas costelas deles, enquanto eles se reuniam para lhe pregar peças.

Os homens são animais tanto quanto as vacas, os cavalos e os porcos – e manifestam tendências semelhantes. A introdução de um novo homem em uma instituição provoca sempre um pequeno pavor ressentido, especialmente quando se trata de alguém com certo poder. Mesmo nas escolas e faculdades, o novo professor tem de lutar para suplantar a oposição que certamente encontrará.

Em uma madeireira, o recém-chegado faria muito bem em tomar a iniciativa – como aquela pequena égua preta – e enfrentar o primeiro olhar irado com um murro.

Mas, em um banco, em uma loja de departamentos ou em uma estação ferroviária, isso não pode acontecer. Portanto, a melhor coisa a se fazer é suportar as zombarias e conquistar a todos dedicando uma atenção aos negócios com a qual o tal lugar não esteja acostumado. De qualquer forma, quanto maior for o homem – a menos que tenha o poder absoluto de intimidar a todos –, mais desconfortável será a sua posição, até que gradualmente o tempo suavizará seu caminho e surgirão outras questões para críticas, oposição e ressentimentos – e, então, esquecerão dele.

A ideia da Reforma da Função Pública – a promoção dos melhores homens a seu serviço em vez de contratar novos para os cargos superiores – é uma regra que parece boa no papel, mas uma política fatal se for executada à risca.

O negócio que não se mostra progressista está plantando as sementes da sua própria dissolução. A vida avança, e todas as coisas na natureza que não estão evoluindo para algo melhor estão se preparando para voltar aos seus elementos constituintes. Uma regra geral para o progresso nas grandes empresas é a introdução de sangue novo. Você deve acompanhar o mundo dos negócios. Se ficar para trás, os pilantras que se postam às margens do mercado haverão de expulsá-lo e tomá-lo como cativo, assim como os lobos que ficam à espreita da vaca doente das planícies.

Para manter suas colunas marchando, você deve introduzir novos métodos, nova inspiração e aproveitar o melhor daquilo que outras pessoas inventaram ou descobriram.

As grandes ferrovias da América evoluíram juntas. Nenhuma delas possui um dispositivo ou método que esteja muito além dos demais. Se não fosse esse intercâmbio de homens e de ideias, algumas ferrovias ainda uusariam correntes e pregos, e as cintas de ferro seriam tão comuns quanto no ano de 1869.

O administrador ferroviário que conhece o seu negócio está sempre em busca da excelência entre seus homens e promove aqueles que prestam um serviço perfeito. Mas, além disso, ele ocasionalmente contrata um homem forte vindo de fora, colocando-o em um cargo acima de todos os outros. E, então, todos botam as mangas de fora!

Mas isso faz pouca diferença para o seu competente administrador – se surge uma vaga e ele não tiver ninguém em sua folha de pagamento bom o suficiente para ocupá-la, ele contrata alguém de fora.

Isso é bom e correto para todos os envolvidos. Um novo sopro de vida de muitas empresas data do dia em que contrataram um novo funcionário.

As populações que cruzam com espécimes de fora produzem uma excelente safra de descendentes, e o resultado é o mesmo nos empreendimentos comerciais. Há alguns anos, duas das maiores editoras da América decretaram falência – devendo a bela soma de cerca de cinco milhões de dólares cada – simplesmente por conta de uma política obstinada que se estendeu por um período de cinquenta anos – de promoção de primos, tios e tias cuja única prova de eficiência era o fato de fazerem parte da folha de pagamento há muito tempo. E é dessa forma que os frutos apodrecem.

Se você é um homem de negócios e tem um cargo de responsabilidade a preencher, procure cuidadosamente um homem entre seus antigos ajudantes para promover. Mas se você não tiver alguém competente o suficiente para ocupar tal posição, não promova um sujeito incompetente apenas para manter a paz. Vá lá fora, encontre um homem e contrate-o – não importa o salário, contanto que ele tenha capacidade de ocupar o cargo – os salários são sempre relativos ao retorno. Esta será a única maneira de realmente tripular seu navio.

Quanto às Regras da Função Pública – tais regras foram feitas para serem quebradas. E quanto aos chifres longos que tentarão tornar miserável a vida do seu novo funcionário, seja paciente com eles. É um privilégio de todos dar uns certos chutes, especialmente se a pessoa estiver há muito tempo na mesma empresa e tiver recebido benefícios demais.

Mas se, no final, o pior acontecer, não se esqueça de que é você quem está à frente da empresa. Se falhar, você leva a culpa. E se o coro da discórdia se tornar tão persistente a ponto de correr o perigo de as desavenças tomarem o lugar da harmonia, fique ao lado do seu novo homem, mesmo que seja necessário demitir cada um dos antigos. A precedência nos negócios é uma questão de poder, e anos em uma mesma posição podem significar que o homem está lá há tanto tempo que precisa de uma mudança. Deixe os ventos naturais soprarem a seu favor.

Assim, eis a fundamentação: promova seus homens merecedores, mas não tenha medo de contratar alguém de fora; ele há de ajudar todo mundo, até mesmo os rebeldes, pois se você for à ruína e cair derrotado, esses mesmos rebeldes terão que lutar por novos empregos de qualquer forma. Não é verdade?

UMA ORAÇÃO

A oração soberana do meu coração não recai em querer ser erudito, rico, famoso, poderoso ou "bom", mas em ser, simplesmente, radiante. Desejo irradiar saúde, alegria, uma bravura silenciosa e boa vontade. Desejo viver sem ódio, caprichos, ciúmes, inveja, medo. Desejo ser simples, honesto, franco, natural, com a mente e o corpo limpos, impassível – disposto a dizer "não sei", se for a verdade, e a lidar com todos os homens em absoluta igualdade – para enfrentar quaisquer obstáculos e todas as dificuldades sem vergonha ou medo.

Desejo que os outros também vivam suas vidas – da melhor forma possível, da forma mais elevada e plena. Para esse fim, oro para que eu nunca chegue a me intrometer, interferir, ditar, dar conselhos indesejados ou ajudar aqueles que não solicitaram minha ajuda. Se puder auxiliar alguém, farei tal coisa dando-lhes a oportunidade de se ajudarem a si próprios e, se for capaz de enaltecer ou inspirar os outros, que seja por exemplo, consequência e sugestão, e não por obrigação ou tirania. Ou seja, desejo ser radiante – desejo irradiar vida.

ATITUDE MENTAL

O sucesso está no sangue. Há homens que o destino nunca consegue reprimir – eles avançam de maneira alegre e tomam, por direito divino, o melhor de tudo o que a terra tem a oferecer. Mas o seu sucesso não é alcançado de acordo com as diretivas de Samuel Smiles[12]. Eles não ficam à espreita, nem tramam, nem bajulam, nem procuram ajustar suas velas para captar a brisa do favor popular. Ainda assim, eles estão sempre alertas e atentos a qualquer benefício que possa surgir em seu caminho, e quando isso acontece, simplesmente apropriam-se dele e, sem hesitar, seguem em frente com firmeza.

Boa saúde! Sempre que sair de casa, levante o queixo, mantenha a cabeça erguida e encha ao máximo os pulmões, energize-se com o sol, cumprimente seus amigos com um sorriso e coloque sua alma em cada aperto de mão.

Não tenha medo de ser mal compreendido; e não perca um só momento pensando em seus inimigos. Tente fixar sua mente com firmeza no que gostaria de fazer e, então, sem esmorecer, você há de avançar direto para a meta.

O medo é a rocha sobre a qual nos dividimos, e o ódio é o banco de areia onde muitas barcas ficam encalhadas. Quando ficamos com medo, o julgamento é tão pouco confiável quanto a bússola de um navio cujo porão está cheio de minério de ferro; quando odiamos, destravamos

---

12 Samuel Smiles (1812-1904) foi um prolífico autor escocês, precursor dos livros de autoajuda. (N. do T.)

o timão; e, se alguma vez pararmos para meditar no que dizem os fofoqueiros, permitiremos que as amarras enrosquem no leme.

Mantenha sua mente no enorme e esplêndido feito que gostaria de realizar e, então, com o passar dos dias, você se verá aproveitando inconscientemente as oportunidades necessárias para a realização do seu desejo, assim como o inseto coral tira da maré os nutrientes de que necessita. Imagine em sua mente a pessoa capaz, séria e útil que deseja ser, e o pensamento que você mantém a cada instante acabará por transformá-lo naquele indivíduo específico que você tanto admira.

O pensamento é supremo e, muitas vezes, pensar é melhor do que fazer.

Preserve uma atitude mental correta – uma atitude de coragem, franqueza e ânimo.

Darwin[13] e Spencer[14] nos disseram que esse é o método da Criação. Cada animal desenvolveu as partes de que necessitava e desejava. O cavalo é veloz porque deseja, o pássaro voa porque quer, o pato tem pés espalmados porque quer nadar. Todas as coisas vêm através do desejo, e toda oração sincera é respondida. Tornamo-nos aquilo que fixamos em nossos corações.

Muitas pessoas sabem disso, mas não suficientemente a fundo para moldar suas vidas. Queremos amigos, por isso planejamos e perseguimos pessoas fortes e ficamos

---

13 Charles Darwin (1809-1882) foi um naturalista, geólogo e biólogo britânico, célebre por seus avanços sobre a evolução. (N. do T.)
14 Herbert Spencer (1820-1903) foi um filósofo, biólogo e antropólogo inglês, criador da expressão "sobrevivência do mais apto". (N. do T.)

à espreita de pessoas boas – ou pessoas supostamente boas – na esperança de podermos nos conectar com elas. A única maneira de garantir amigos é ser um. E antes de estar apto para a amizade, você deve ser capaz de viver sem ela. Isto é, você deve ser autossuficiente o bastante para cuidar de si mesmo e, então, com o excedente de energia, poderá cuidar dos outros.

Ao indivíduo que anseia por amizade, mas que deseja muito mais um espírito centrado em si, nunca faltarão amigos.

Se você tem amigos, cultive a solidão no lugar da convivência. Inspire o ar marinho, tome banhos de sol e, lá fora, na noite silenciosa, sob as estrelas, repita para si mesmo várias vezes: — Eu sou parte de tudo o que meus olhos veem! — E, então, você terá a sensação de que não é um mero intruso entre a terra e o céu, mas uma parte necessária do todo. Nenhum mal pode acontecer com você sem que aconteça com todos e, caso fracasse, isso só haverá de suceder em meio a uma destruição de mundos.

Como o velho personagem bíblico Jó, aquilo que tememos certamente haverá de acontecer conosco. Por meio de uma atitude mental errônea, colocamos em movimento uma série de eventos que termina em desastre. As pessoas que morrem de doenças na meia-idade, quase sem exceção, são aquelas que já começavam a se preparar para a morte. Uma condição trágica aguda é simplesmente o resultado de um estado mental crônico – o culminar de uma série de eventos.

O caráter é o resultado de duas coisas: a atitude mental e a forma como usamos nosso tempo. O que pensamos e o que fazemos acabam se tornando o que somos.

Ao controlar as forças do universo, você se torna forte juntamente com elas. E, quando percebe isso, tudo o mais fica fácil, pois em suas artérias correm glóbulos vermelhos – e em seu coração haverá de nascer uma resolução determinada de fazer e ser. Levante o queixo e mantenha a cabeça erguida. Somos deuses no casulo.

CARTA DE ABRAHAM LINCOLN

A carta de Abraham Lincoln para Hooker[15]! Se todas as cartas, mensagens e discursos de Lincoln fossem destruídos à exceção dessa missiva para Hooker, ainda teríamos um excelente exemplo do caráter do *Rail-Splitter*[16].

Nesta carta vemos que Lincoln governava seu próprio espírito; e também contemplamos o fato de que ele poderia governar os espíritos dos outros. A carta mostra sábia diplomacia, franqueza, gentileza, inteligência, tato e uma paciência infinita. Hooker criticou dura e injustamente Lincoln, seu comandante em chefe. Mas Lincoln se esquece de tudo isso em deferência às virtudes que acredita possuir Hooker, promovendo-o para suceder Burnside[17]. Em outras palavras, o homem que foi injustiçado promove o homem que o ofendeu, acima da cabeça de um homem a quem o promovido havia prejudicado e por quem o promotor tinha uma calorosa amizade pessoal.

---

15 Joseph Hooker (1814-1879) foi um militar dos Estados Unidos que lutou na Guerra Mexicano-Americana e na Guerra Civil Americana, quando chegou a ser general de divisão do Exército. (N. do T.)

16 Literalmente "divisor de ferrovias", em inglês, mas equivalente a "divisor de águas" em português. Por se tratar do apelido de Abraham Lincoln, que, além de ter dividido o país no que concernia a questão da escravidão, também foi um dos primeiros presidentes do continente a investir na construção de estradas de ferro, optou-se por manter o termo no original. (N. do T.)

17 Ambrose Everett Burnside (1824-1881) foi um militar, político, ferroviário, inventor e industrial americano. (N. do T.)

Mas todas as considerações pessoais foram abandonadas em vista do objetivo desejado. No entanto, era necessário que o homem promovido soubesse a verdade, e Lincoln contou-a de uma forma que não o humilhasse nem provocasse rixas tolas – mas, certamente, evitando o ataque de elefantíase cerebral de que sofria Hooker.

Talvez seja melhor fornecer a carta na íntegra. Ei-la logo abaixo:

Casa Branca, Washington, D.C.,
26 de janeiro de 1863.

Major General Hooker,

General, coloquei-o à frente do Exército do Potomac. É claro que fiz isso com base no que me parecem ser razões suficientes, mas, ainda assim, acho melhor que saiba que há algumas coisas em relação às quais não estou muito satisfeito com o senhor.

Acredito que seja um soldado corajoso e habilidoso, o que, claro, me agrada. Acredito também que não confunda a política com sua posição – no que tem toda a razão.

O senhor tem confiança em si mesmo, o que é uma qualidade valiosa, quiçá indispensável.

É ambicioso – o que, dentro de limites razoáveis, é algo bom em vez de uma desvantagem; mas acredito que, durante o comando do exército do General Burnside, o senhor se aconselhou com sua ambição, frustrando-o tanto quanto possível, fazendo um grande mal ao país e a um colega oficial muito valoroso e honrado.

Ouvi, de uma maneira que me fez acreditar no que ouvia, que recentemente o senhor disse que tanto o Exército quanto o governo precisavam de um ditador. Claro, não foi por isso, mas, apesar disso, que lhe coloquei no comando. Apenas os generais que obtêm sucesso podem estabelecer ditadores. O que lhe peço agora é sucesso militar e, assim, arriscarei uma ditadura. O governo irá apoiá-lo ao máximo que puder, o que equivale ao que fez e continuará fazendo por todos os seus comandantes. Temo muito que o espírito que o senhor ajudou a infundir no Exército – de criticar seu comandante e de lhe negar confiança – se volte agora contra o senhor. Vou ajudá-lo na medida do possível para dar um fim às dissensões. Nem o senhor nem Napoleão – se ele ainda estivesse vivo – poderiam se beneficiar de alguma forma de um exército enquanto tal espírito nele prevalecesse. E, agora, cuidado com qualquer precipitação, avançando com vigilância insone e continuando a nos trazer vitórias.

Atenciosamente,

A. LINCOLN.

Há um ponto nesta carta que merece nossa consideração especial, pois sugere uma condição que surge como a mortal beladona em um solo venenoso. Refiro-me ao hábito de censurar, zombar, resmungar e criticar aqueles que estão acima de nós. O homem que se julga acima de todos e faz o que quer certamente será criticado, difamado e incompreendido. Isto faz parte da pena pela grandeza, e todo grande homem entende isso – e também entende não ser essa uma prova de sua grandeza. A prova final da grandeza reside em ser capaz de suportar as injúrias sem ressentimento. Lincoln não se ressentia das críticas; ele sabia que cada uma delas acabava por justificar o que ele vinha fazendo, mas, ainda assim, prestem atenção à forma como ele previne Hooker quanto ao fato de que a própria dissensão que ele semeara haveria de voltar para atormentá-lo! *"Nem o senhor nem Napoleão – se ele ainda estivesse vivo – poderiam se beneficiar de alguma forma de um exército enquanto tal espírito nele prevalecesse."* A culpa de Hooker recai sobre Hooker – outros sofrem, mas Hooker sofre mais do que todos.

Não faz muito tempo, conheci um estudante de Yale que estava de férias. Tenho certeza de que ele não representava o verdadeiro espírito de Yale, pois estava cheio de críticas e amargura em relação à instituição. O presidente Hadley[18] recebeu sua parcela de amargor, e fiquei sabendo de itens, fatos e dados, com horas e locais exatos – a receita completa de um "julgamento condenatório".

Logo percebi que o problema não era Yale, o problema era o jovem. Ele pensara em afrontas desrespeitosas por tanto tempo que se viu em dissonância com o lugar, a ponto de perder qualquer capacidade de se beneficiar dele. A Faculdade de Yale não é uma instituição perfeita – um fato que, suponho, tanto o presidente Hadley quanto a maioria dos homens de Yale estão dispostos a admitir – mas oferece certas vantagens aos jovens, e depende apenas dos estudantes aproveitarem dessas vantagens ou não. Se você é um estudante universitário, aproveite o que há de

---

18 Arthur Twining Hadley (1856-1930) foi um economista estadunidense. Professor de economia política, atuou como presidente da Universidade de Yale (equivalente ao cargo de reitor, no Brasil) de 1899 a 1921. (N. do T.)

bom. Você recebe o bem oferecendo-o. Você ganha dando – portanto, ofereça simpatia e uma animada lealdade à instituição. Tenha orgulho dela. Apoie seus professores – eles estão fazendo o melhor que podem. Se o local tiver defeitos, torne-o um lugar melhor, dando o exemplo ao fazer seu trabalho com alegria, todos os dias, da melhor maneira possível. Cuide da sua vida.

Se a empresa onde você trabalha estiver dominada pelos erros, e o Velho Chefe for um ser mesquinho, pode até ser bom para você ir até ele e, confidencialmente, com muita calma e gentileza, lhe dizer que suas políticas são absurdas e ilógicas. Em seguida, mostre-lhe como reestruturar suas práticas, podendo até mesmo se oferecer para assumir o controle da empresa e extirpar suas imperfeições secretas. Faça isso ou, se por algum motivo preferir não fazê-lo, escolha entre estas duas opções: "Saia" ou "Alinhe-se". Você haverá de fazer um ou o outro – faça a sua escolha agora. Se você trabalha para um homem, em nome de Deus, *trabalhe* para ele.

Se ele lhe paga salários que fornecem seu sustento, trabalhe para ele – fale bem dele, pense bem dele, apoie-o e defenda a instituição que ele representa.

Acho que se eu trabalhasse para um homem, *trabalharia* para ele. Eu não trabalharia para ele durante parte do tempo e, no resto do tempo, trabalharia contra ele. Ofereceria, ou serviço completo, ou simplesmente serviço nenhum. Em situações críticas, um grama de lealdade vale por um quilo de inteligência.

Se precisa realmente difamá-lo, condená-lo e menosprezá-lo eternamente, ora, então renuncie ao seu cargo e, quando já estiver do lado de fora, faça e fale o que quiser. Mas lhe peço que, enquanto fizer parte de uma instituição, não a condene. Não que você vá prejudicar a instituição – isso não –, mas, quando você menospreza uma empresa de que faz parte, está menosprezando a si mesmo.

Mais do que isso, você está afrouxando as amarras que o prendem à instituição e, ao primeiro vento forte que surgir, você será arrancado dela e levado pela nevasca – e muito provavelmente nem sequer saberá o porquê. A carta dirá apenas: "Os tempos estão difíceis e receamos não haver trabalho suficiente" etc.

Você vai encontrar sujeitos desempregados como esse em todo lugar. Fale com eles e há de perceber que são dominados por insultos, amargura, desprezo e censura. Era esse o problema... Por conta de um espírito focado em encontrar falhas, eles se deixaram levar, bloqueando qualquer canal, tendo, então, de ser expurgados. Estavam em desarmonia com o local e, não sendo mais úteis, tiveram de ser removidos. Todo empregador está constantemente procurando por pessoas que possam ajudá-lo e, naturalmente, fica atento a quem não está ajudando entre seus funcionários – e tudo e todos que atrapalham têm de ir embora. Esta é a lei do comércio – não tente encontrar falhas nela, pois é baseada na natureza. A recompensa é dada apenas àqueles que são úteis e, para sê-lo, é preciso ter-lhe afinidade.

Você não será capaz de ajudar o Velho Chefe enquanto estiver reclamando em voz baixa e sussurrando, por meio de gestos e sugestões, de pensamentos e atitude mental, que se trata de um velhaco mesquinho, com um sistema completamente errado. Você não o está necessariamente ameaçando ao agitar esse caldeirão de descontentamentos e transformar a inveja em conflitos; está simplesmente se colocando diante de uma rampa muito bem lubrificada que lhe proporcionará uma rápida viagem para baixo, e para fora. Quando você afirma aos outros funcionários que o Velho Chefe é um mesquinho, apenas revela o fato de sê-lo você mesmo e, quando lhes diz que as políticas da instituição estão "podres", certamente mostra que as suas é que estão apodrecidas.

Esse mau hábito de achar defeitos, criticar e reclamar é uma ferramenta que se torna mais aguçada à medida que seu uso se torna constante, e há um grave perigo de que aquele que, a princípio, apenas dava chutes moderados possa vir a se transformar em um chutador crônico, e a faca que ele afiou acabará por cortar sua própria cabeça.

Apesar de suas muitas falhas, Hooker foi promovido; mas é provável que seu empregador não tenha o mesmo amor que Lincoln teve – o amor capaz de sofrer longamente e continuar gentil. Mas nem mesmo Lincoln poderia proteger Hooker para sempre. Ele não conseguiu fazer seu trabalho, e Lincoln teve que contratar outro para o seu lugar. Chegou então o momento em que Hooker foi substituído por um Homem Silencioso, que não criticava ninguém, não censurava ninguém – nem mesmo o inimigo.

E esse Homem Silencioso, que podia governar seu próprio espírito, tomou as cidades. Ele cuidou de sua própria vida e fez o trabalho que nenhum homem jamais poderá fazer – a menos que ofereça todo o tempo lealdade absoluta, confiança exemplar, fidelidade inabalável e devoção incansável. Cuidemos da nossa vida e deixemos que os outros cuidem das suas. Ao trabalharmos assim – pensando em nós mesmos –, trabalhamos para o bem de todos.

AMIZADES
EXCLUSIVAS

Um homem excelente e gentil que conheço disse: — Quando cinquenta e um por cento dos eleitores acreditarem na cooperação em oposição à competição, a Comunidade Ideal deixará de ser uma teoria e se tornará um fato.

Que os homens trabalhem juntos para o bem de todos é muito bonito, e acredito que chegará o dia em que essas coisas acontecerão, mas o simples processo de cinquenta e um por cento dos eleitores votarem no socialismo não conseguirá tal coisa.

A questão do voto é simplesmente a expressão de um sentimento e, depois de contados os votos, ainda resta trabalho a fazer. Um homem pode votar certo e agir como um tolo durante o resto do ano.

O socialista que está cheio de amargura, lutas, divisões e ciúmes está criando uma oposição que irá mantê-lo – e a todos os outros como ele – sob controle. E essa oposição é boa, pois mesmo uma sociedade extremamente imperfeita é forçada a se proteger contra a dissolução e condições piores ainda. Assumir os monopólios e operá-los para o bem da sociedade não é suficiente – e tampouco desejável – enquanto a ideia de rivalidade estiver presente.

Enquanto o ego estiver em primeiro lugar nas mentes dos homens, eles temerão e odiarão outros homens e, mesmo sob o socialismo, haveria precisamente a mesma luta por lugar e poder que vemos agora na política.

A sociedade nunca será capaz de se reconstruir até que seus membros individuais sejam reconstruídos. O homem deve nascer de novo. Quando cinquenta e um por cento dos eleitores dominarem o seu próprio espírito e tiverem eliminado cinquenta e um por cento de seus sentimentos de inveja, ciúme, amargura, ódio, medo e orgulho tolo atuais, então o socialismo cristão estará próximo – antes disso, nunca.

O assunto é extenso demais para ser tratado em um parágrafo, então, aqui, vou apenas me contentar com a menção de uma questão que, até onde sei, nunca foi mencionada na imprensa: o perigo para a sociedade de amizades exclusivas entre um homem e outro, e entre uma mulher e outra. Não há duas pessoas do mesmo sexo que possam se complementar, nem tampouco se elevar ou beneficiar mutuamente por muito tempo. Geralmente esse tipo de amizade deforma o estado mental e espiritual. Deveríamos ter muitos conhecidos – ou nenhum. Quando dois homens começam a "contar tudo um para o outro", estão caminhando para a senilidade. Deve haver um pouco de reserva, muito bem definida. Dizem-nos que na matéria – no aço sólido, por exemplo – as moléculas nunca se tocam. Elas nunca renunciam à sua individualidade. Somos todos moléculas do Divino, e a nossa personalidade não deve ser abandonada. Seja você mesmo, não deixe que nenhum homem lhe seja essencial – seu amigo terá mais consideração por você se você o mantiver um pouco distante. A amizade, assim como o crédito, é mais elevada onde não é usada.

Posso compreender como um homem forte possa ter uma grande e duradoura afeição por milhares de outros homens, e chamá-los todos pelo nome – mas como pode ele considerar qualquer um desses homens muito mais elevado do que os outros e preservar seu equilíbrio mental, não sei dizer.

Deixe um homem se aproximar perto o suficiente e ele irá agarrá-lo como alguém que está se afogando – e vocês dois cairão. Em uma amizade íntima e exclusiva, os homens participam das fraquezas uns dos outros.

Nas lojas e nas fábricas, é bastante comum que os homens tenham seus amigos. Tais homens relatam seus problemas uns aos outros – eles não escondem nada –, simpatizam uns com os outros, condoem-se mutuamente.

Sempre concordam em tudo e apoiam um ao outro. A amizade deles é exclusiva, e os outros veem-na como tal. O ciúme se insinua, despertam suspeitas, o ódio se espalha pelos cantos, e esses homens estabelecem uma antipatia mútua por certas coisas e pessoas. Estimulam-se mutuamente, e sua simpatia dilui a sanidade – ao reconhecerem seus problemas, os homens tornam-nos reais. As coisas ficam fora de foco e perde-se o senso de valores. Ao pensar que alguém é um inimigo, você o transforma em um.

Muito em breve, outros estão envolvidos e temos uma "panelinha". Uma panelinha nada mais é do que uma amizade transformada em semente.

A panelinha transforma-se em uma facção, e a facção em rivalidade – e logo temos uma multidão, uma massa cega, estúpida, insana, louca, desenfreada e ruidosa – uma massa que perdeu o leme. Em uma multidão não há indivíduos – todos têm a mesma opinião e o pensamento independente desaparece.

Uma rivalidade não se baseia em nada – é simplesmente um erro –, uma ideia tola incendiada por um amigo tolo! E pode se tornar uma multidão.

Todo homem que já teve qualquer relação com a vida em comunidade notou que as panelinhas são a semente da desintegração – e as panelinhas sempre surgem da amizade exclusiva de duas pessoas do mesmo sexo, que dizem uma à outra todas as coisas desagradáveis que são ditas um do outro – "então, fique atento". Cuidado com as amizades exclusivas! Respeite todos os homens e tente encontrar o que há de bom neles. Associar-se apenas com os sociáveis, os espirituosos, os sábios, os brilhantes, é um erro crasso – trafegue entre os simples, os estúpidos, os sem instrução, e exercite sua própria inteligência e sabedoria. Você cresce ao se doar – sem ter favoritos –, você mantém seus amigos tanto ao se manter longe deles quanto ao segui-los.

Seja-lhes reverente, sim, mas mantenha a naturalidade e deixe o espaço intervir. Seja uma molécula Divina.

Seja você mesmo e dê ao seu amigo a chance de ele ser ele mesmo. Assim, você o beneficia e, ao beneficiá-lo, beneficia a si mesmo.

As melhores amizades são entre aqueles que conseguem viver um sem o outro.

É claro que houve casos de amizade exclusiva que nos são apontados como grandes exemplos de afeto, mas são tão raros e excepcionais que servem para enfatizar o fato de que é extremamente imprudente que homens de poder e intelecto comuns excluam seus companheiros. Alguns homens, talvez, que são grandes o suficiente para ter um lugar na história, poderiam desempenhar o papel de um Davi para outro Jônatas[19] e, ainda assim, manter a

---

19 Jônatas (1063 a.C.-1011 a.C.) foi um príncipe do Reino Unificado de Israel, filho mais velho do rei Saul e amigo de Davi. (N. do T.)

boa vontade de todos, mas a maioria de nós geraria amargura e conflitos.

E esse belo sonho do socialismo, em que cada um trabalhará para o bem de todos, nunca se concretizará até que cinquenta e um por cento dos adultos abandonem todas as amizades exclusivas. Até esse dia chegar, vocês terão panelinhas, denominações – que são simplesmente panelinhas que cresceram –, facções, rixas e ocasionais turbas.

Não se apoie em ninguém e não deixe ninguém se apoiar em você. A sociedade ideal será composta de indivíduos ideais. Seja homem e amigo de todos.

Quando o Mestre exortou seus discípulos a amarem os seus inimigos, tinha em mente a verdade de que um amor exclusivo é um erro – o amor morre ao ser monopolizado, e apenas cresce através da doação. O amor limitado é um erro. Seu inimigo é alguém que o entende mal – por que você não deveria se elevar acima da névoa, ver seu erro e respeitá-lo pelas boas qualidades que encontra nele?

A LOUCURA
DE VIVER
NO FUTURO

Frequentemente, faz-se a pergunta: — O que acontece com todos os oradores da turma e todos os poetas da escola?

Sou capaz de fornecer informações acerca das duas partes para aqueles que fazem tal pergunta – o orador da minha turma é agora um gerente muito esforçado e digno na loja Siegel, Cooper & Companhia, e eu era o poeta da escola. Nós dois tínhamos os olhos fixos na Meta. Ficamos no Limiar e olhamos para o Mundo, preparando-nos para seguir em frente, agarrando-o pela cauda e arrancando-lhe a cabeça para nosso próprio deleite.

Tínhamos os olhos fixos na Meta – talvez fosse melhor não ter meta nenhuma.

Era um absurdo termos nos fixado na Meta. Tê-lo feito prejudicou nossa visão e desviou nossa atenção do trabalho a fazer. Perdemos a noção do presente.

Pensar na Meta é percorrer em sua mente a distância até ela repetidas vezes, pensando ao mesmo tempo em quão distante ela está. Temos tão pouco cérebro – esforçamo-nos com um capital intelectual tão limitado – que usá-lo à procura de algo distante é ficar irremediavelmente preso na Siegel, Cooper & Companhia.

É claro que a Siegel, Cooper & Companhia não é tão ruim assim, mas eis a questão: não era essa a Meta!

Uma boa pitada de indiferença é um dos requisitos na fórmula para a realização de um grande trabalho.

Ninguém sabe qual é a Meta – estamos todos navegando sob ordens veladas.

Faça o seu trabalho hoje, fazendo-o da melhor maneira possível, e viva um dia de cada vez. O homem que faz isso está conservando a energia que Deus lhe deu, e não a transformando em tênues teias de aranha, tão frágeis e transparentes que o destino cruel provavelmente irá destruí-las.

Fazer bem o seu trabalho hoje é a preparação certa para algo melhor amanhã. O passado nos deixou para sempre, não podemos alcançar o futuro, só o presente é nosso. O trabalho de cada dia é uma preparação para as tarefas do dia seguinte.

Viva no presente – o dia chegou, a hora é agora.

Só há uma coisa pela qual vale a pena orar: para que possamos estar na linha da Evolução.

O ESPÍRITO
DO HOMEM

Talvez eu esteja totalmente errado a esse respeito, mas não posso deixar de acreditar que o espírito do homem viverá mais uma vez, em um mundo melhor do que o nosso. Fénelon[20] diz: — A justiça exige outra vida para compensar as desigualdades desta. — Os astrônomos profetizam a existência de estrelas muito antes de que sejamos capazes de vê-las. Eles sabem onde deveriam estar e, apontando seus telescópios naquela direção, põem-se a esperar, sabendo que haverão de encontrá-las.

Materialmente, ninguém pode imaginar nada mais belo do que esta terra, pela simples razão de que não podemos imaginar nada que não tenhamos visto. Podemos fazer novas combinações, mas o todo é composto de partes de coisas com as quais estamos familiarizados. Esta grande terra verde, da qual surgimos, de que fazemos parte, que sustenta os nossos corpos – e que devem retornar a ela para pagar o que dela emprestamos –, é muito, muito bonita.

Mas o espírito do homem não se sente totalmente à vontade aqui; à medida que crescemos em alma e em intelecto, ouvimos, ouvimos continuamente, uma voz que diz: — Levante-se e vá embora, pois esta não é a sua morada. — E quanto maior, mais nobre e mais sublime for o espírito, mais constante será o descontentamento. O descontentamento pode vir de várias causas e, por isso, não

---

20 François de Salignac de La Mothe-Fénelon (1651-1715) foi um teólogo católico, poeta e escritor francês liberal, indo contra o *status quo* da Igreja da época. (N. do T.)

é bom presumir que os descontentes são sempre os puros de coração, mas é fato que todos os seres extraordinários e sábios conhecem o significado do *cansaço do mundo*. Quanto mais se estuda e aprecia esta vida, mais certeza se tem de que ele não é tudo. Você descansa sua cabeça sobre a Mãe Terra, ouve seu coração pulsar e, mesmo quando seu espírito está cheio de amor por ela, seu contentamento é, em parte, dor, e você se sente dominado por uma alegria pesarosa. Contemplar as formas mais exaltadas de beleza, como o pôr do sol no mar, a chegada de uma tempestade no campo ou a sublime majestade das montanhas, gera uma sensação de tristeza, uma solidão crescente. Não basta dizer que o homem usurpa o homem de tal forma que somos privados de nossa liberdade, que a civilização é causada por um bacilo e que, a partir de uma condição natural, entramos em uma confusão onde abundam rivalidades – tudo isso pode ser verdade, mas muito além de tudo isso não há ambiente físico suficiente que a terra possa fornecer para trazer paz à alma cansada. São mais felizes aqueles que têm menos, e a fábula do rei infeliz e do mendigo descamisado contém o germe da verdade. Os sábios consideram todos os laços terrenos muito levianamente – estão simplesmente se despojando para a eternidade.

 O cansaço do mundo é apenas o desejo de uma melhor condição espiritual. Há muito mais a ser escrito sobre esse assunto da dor mundial – para esgotar o tema seria necessário um livro inteiro. E é certo que não desejo dar a palavra final sobre assunto nenhum. Mas o leitor gentil tem certos direitos e, entre eles, está o privilégio de ler um resumo da questão.

 É fato que a dor do mundo nada mais é que uma forma de desejo. Todos os desejos são justos, adequados e corretos, e sua gratificação é o meio que a natureza utiliza para nos fornecer aquilo de que necessitamos.

O desejo não apenas nos leva a buscar aquilo de que precisamos, mas também é uma forma de atração que nos aporta o bem, assim como as amebas criam um redemoinho nas águas para trazer seu alimento até onde possam alcançá-lo.

Na natureza, cada desejo tem um propósito fixo e definido na Economia Divina, e cada desejo tem a sua devida gratificação. Se desejamos ter uma amizade mais reservada com uma determinada pessoa, é porque a alma dessa pessoa possui certas qualidades que não possuímos, complementando assim as nossas.

Através do desejo, tomamos posse do que é nosso; ao nos submetermos aos seus apelos, acrescentamos altura à nossa estatura; e também distribuímos aos outros nossos próprios atributos, sem nos tornarmos mais pobres, já que a alma não tem limites. Toda a natureza é um símbolo do espírito e, por isso, sou forçado a acreditar que em algum lugar deve haver uma gratificação adequada para esta misteriosa evocação da alma.

O Valhala dos escandinavos, o Nirvana dos hindus e o Céu dos cristãos são esperanças naturais de seres cujas preocupações e decepções neste mundo são amenizadas pela crença de que em algum lugar, Thor, Brama ou Deus há de oferecer uma compensação.

As Alianças Eternas exigem uma condição: que seja um lugar onde homens e mulheres possam amar sem sofrer, onde a tirania das coisas odiosas não prevaleça, nem aquilo por que o coração anseia se transforme em cinzas ao nosso toque.

INICIATIVA

O mundo concede grandes prêmios, tanto em dinheiro quanto em honras, a apenas uma coisa. A Iniciativa. E o que é Iniciativa? Vou dizer-lhe: é fazer a coisa certa sem que lhe ordenem. Mas, muito parecido com fazer a coisa certa sem que lhe ordenem, é fazê-la assim que lhe ordenarem uma única vez. Ou seja, levar a Mensagem para Garcia! Há aqueles que nunca fazem nada até que lhes seja dito, não uma, mas duas vezes: esses haverão de receber ínfimas recompensas, sem quaisquer honrarias. Logo depois, há aqueles que fazem a coisa certa apenas quando a necessidade lhes dá um pontapé no traseiro, e esses vão receber apenas indiferença no lugar das honrarias, além de uma ninharia como pagamento. Esse tipo de gente passa a maior parte do tempo reclamando de seu azar. E então, ainda mais abaixo nessa escala, encontramos o sujeito que não faz a coisa certa nem mesmo quando alguém lhe mostra como fazê-lo e permanece ao seu lado para ver se vai efetivamente cumprir com sua missão – esse está sempre desempregado e recebe o desprezo que merece, a menos que tenha um pai rico, caso em que o destino fica à sua espreita com um porrete a postos. A que classe você pertence?

O NEUTRO

Conheço uma importante empresa que, pela própria força de sua franqueza e valor, incorreu na inimizade de muitos rivais. Na verdade, existe uma conspiração generalizada para levar tal instituição à ruína. Ao conversar com um jovem empregado dessa casa, ele bocejou e disse:
— Ah, prefiro ficar neutro nesse assunto.

— Mas você ganha o pão nessa empresa e, em uma questão que diz respeito à própria vida da instituição, não vejo como pode se manter neutro.

E o sujeito mudou de assunto.

Acho que mesmo se me alistasse no Exército japonês não me manteria neutro.

Os negócios são uma luta – uma luta constante – assim como a vida. O homem atingiu o seu atual grau de desenvolvimento através da luta. Sempre haverá luta. A princípio, era uma luta puramente física; à medida que o homem evoluiu, ela mudou de arena, para os campos mental, psíquico e espiritual, restando-lhe ainda certos traços dos pendores do homem das cavernas. Mas creia no que digo, sempre existirá luta – vida é ação. E mesmo quando se tornar uma luta para fazer o bem, continuará a ser uma luta. Quando a inércia toma conta de você, é hora de chamar o agente funerário.

Os únicos neutros verdadeiros neste jogo da vida são os mortos.

A vigilância eterna não é apenas o preço da liberdade, mas de todas as outras coisas boas.

Um negócio que não seja guardado por todos os lados por homens ativos, alertas, atentos e vigilantes acabou. Assim como o oxigênio é o princípio desintegrador da vida – trabalhando noite e dia para dissolver, separar, desagregar e dissipar a matéria – há algo nos negócios que continuamente tende à dispersão, à destruição e à transferência de posse de um homem para outro. Um milhão de ratos mordiscam eternamente todos os empreendimentos comerciais.

Os ratos não são neutros, e se um número suficiente de funcionários de uma empresa for neutro, toda a preocupação acabará por morrer em seus ouvidos.

Gosto daquela ordem do Marechal de Campo Oyama: — Dê a cada honorável neutro que encontrar em nossas linhas o honorável golpe mortal de jiu-jítsu.

EMPATIA, CONHECIMENTO E EQUILÍBRIO

Empatia, Conhecimento e Equilíbrio parecem ser os três ingredientes indispensáveis à formação do Homem Gentil. Coloco esses elementos de acordo com seu valor. Nenhum homem é grande sem um adicional de Empatia, e a grandeza dos homens pode ser avaliada com segurança pela Empatia que sentem pelos outros. Empatia e imaginação são irmãs gêmeas. Seu coração deve estar com todos os homens, os importantes, os humildes, os ricos, os pobres, os eruditos, os iletrados, os bons, os maus, os sábios e os tolos – é necessário ser uno com todos eles, caso contrário você nunca chegará a compreendê-los. Empatia! – eis o padrão de todo segredo, a chave de todo conhecimento, o "abre-te, sésamo" de todos os corações. Coloque-se no lugar do outro homem e, então, saberá o porquê de ele pensar certas coisas e praticar certas ações. Coloque-se no lugar dele e sua culpa se dissolverá em pena, e suas lágrimas apagarão a lembrança de suas faltas. Os salvadores do mundo foram simplesmente homens com uma empatia fenomenal.

Mas o Conhecimento deve acompanhar a Empatia, caso contrário as emoções se tornarão baratas e você desperdiçará toda a sua piedade com um simples cãozinho – e não com uma criança – ou com um rato do campo – no lugar de gastá-la com uma alma humana. A prática do Conhecimento torna-se sabedoria, e a sabedoria implica em um senso de valores – você diferencia algo grande de pequeno, um fato valioso de um trivial. Tragédia e comédia são simplesmente questões de valor: um pequeno infortúnio na vida nos faz rir, um grande infortúnio é uma tragédia, e motivo de tristeza.

O Equilíbrio é a força do corpo e da mente para controlar tanto sua Empatia quanto seu Conhecimento. A menos que você controle suas emoções, elas acabam por passar por cima de você, deixando-o na lama. A Empatia não deve ser descontrolada, ou não terá valor, simbolizando fraqueza em vez de força. Em todos os hospitais para distúrbios nervosos encontram-se muitos casos dessa perda de controle. O indivíduo tem Empatia, mas não Equilíbrio, e, por isso, sua vida não vale nada, nem para si mesmo, nem para o mundo.

Esse sujeito simboliza ineficiência, e não utilidade. O Equilíbrio se revela mais na voz do que nas palavras, mais nos pensamentos do que na ação, mais na atmosfera do que na vida consciente. É uma qualidade espiritual, mais sentida do que vista. Não é uma questão de tamanho nem de atitude corporal, tampouco de vestimenta ou de beleza pessoal: trata-se de um estado de ser interior – e de saber que sua causa é justa. Como pode ver, no fim das contas, esse assunto é extenso e profundo, com inúmeras ramificações, de amplidão ilimitada, implicando em toda a ciência do viver correto. Certa vez, conheci um homem que tinha o corpo deformado e estatura bastante diminuta, mas possuía tamanha Gravidade Espiritual – tamanho Equilíbrio – que entrar em um recinto onde ele estava era sentir sua presença e reconhecer sua superioridade. Permitir que a Empatia seja desperdiçada em objetos indignos é esgotar suas forças vitais. Conservá-la faz parte da sabedoria, e a reserva é um elemento necessário em toda boa literatura, assim como em tudo o mais.

Sendo o Equilíbrio o controle de nossa Empatia e de nosso Conhecimento, ele implica na posse desses atributos, pois sem Empatia e Conhecimento não há nada a controlar além do corpo físico. Praticar o Equilíbrio como um mero exercício de ginástica, ou estudo de etiqueta, é tornar-se inseguro, rígido, ilógico e ridículo. Aqueles que "realizam truques tão fantásticos diante dos céus a ponto de fazer os anjos chorarem[21]" são homens desprovidos de Empatia e de Conhecimento tentando cultivar o Equilíbrio. Sua ciência trata simplesmente da questão do que fazer com braços e pernas. Na verdade, o Equilíbrio trata do controle da carne pelo espírito e das ações controlando o coração.

Aproxime-se da Natureza para obter Conhecimento. Maior é o homem que melhor serve à sua espécie. Simpatia e Conhecimento são para o uso – você adquire o que é capaz de distribuir, acumula aquilo que pode doar. E como Deus lhe deu as bênçãos sublimes da Simpatia e do Conhecimento, acabará por possuir o desejo de revelar sua gratidão, distribuindo-as novamente; pois o homem sábio está ciente de que retemos qualidades espirituais apenas quando as doamos. Deixe sua luz brilhar. Àquele que tem, mais lhe será dado. O exercício da sabedoria traz sabedoria e, por fim, a quantidade infinitesimal de Conhecimento do homem – comparada com o Infinito – e a pequenez da Empatia do homem – comparada com a fonte de onde a absorvemos – desenvolverão abnegação e humildade suficientes para conferir um Equilíbrio perfeito. O Cavalheiro é um homem com Empatia, Conhecimento e Equilíbrio perfeitos.

---

21 Expressão utilizada por William Shakespeare (1564-1616) na peça *Medida por Medida*, de 1604. Agir de maneira tão ilógica que acaba por causar preocupação e desespero. (N. do T.)

AMOR E FÉ

Nenhuma mulher é digna de ser esposa se, no dia do seu casamento, não se perder absoluta e inteiramente em uma atmosfera de amor e de perfeita confiança; a suprema sacralidade da relação é a única coisa que, naquele momento, deveria possuir sua alma. Trata-se por acaso de uma cafetina, para barganhar?

As mulheres não deveriam "obedecer" aos homens mais do que os homens deveriam obedecer às mulheres. Existem seis requisitos em todo casamento feliz: o primeiro é a Fé e os cinco restantes são a Confiança. Nada é tão enaltecedor para um homem quanto uma mulher que nele crê – nada agrada tanto a uma mulher quanto um homem que deposita nela a sua confiança.

Obedecer? Que Deus me ajude! Sim, se eu amasse uma mulher, o desejo de todo o meu coração seria obedecer a todos os seus desejos. E como eu poderia amá-la se não tivesse plena confiança de que ela só aspirasse ao que é belo, verdadeiro e correto? E para capacitá-la a realizar este ideal, seu desejo seria para mim uma ordem sagrada; e sei que sua atitude mental em relação a mim seria a mesma. E a única rivalidade entre nós seria sobre quem seria capaz de amar mais – e o desejo de obedecer seria o único impulso controlador de nossas vidas.

Ganhamos liberdade oferecendo-a, e quem concede fé a recebe de volta com juros. Negociar e impor no amor é perder.

A mulher que interrompe a cerimônia de casamento e pede ao ministro que omita a palavra "obedecer" está semeando a primeira semente de dúvida e desconfiança que, mais tarde, poderá dar frutos no tribunal do divórcio.

As negociações e disputas de acordos e dotes que geralmente precedem o casamento de "sangue" e de "bens" são os avisos ignorados de que tristeza, dor de cabeça, sofrimento e desgraça aguardam seus outorgantes.

A fé perfeita implica no amor perfeito, e o amor perfeito rejeita o medo. É sempre o medo da imposição e uma intenção oculta de governar que faz com que a mulher questione uma palavra – trata-se de ausência de amor, uma limitação, uma incapacidade. O preço de um amor perfeito é uma entrega absoluta e completa.

Pechinche no valor e o destino de Ananias e Safira[22] será também o seu. Sua destruição é rápida e certa. Para ganhar tudo, devemos dar tudo.

---

22 Casal de personagens do livro bíblico *Atos dos Apóstolos*. Ananias usurpa parte dos impostos devidos, com a ciência da esposa, Safira, e ambos são castigados por Deus com um assassinato impiedoso. (N. do T.)

TRABALHO E DESPERDÍCIO

Considero estas verdades evidentes por si mesmas: que o homem foi feito para ser feliz; que só se alcança a felicidade através de um esforço útil; que a melhor maneira de nos ajudarmos é ajudando os outros; que muitas vezes a melhor maneira de ajudar os outros é cuidar da nossa própria vida; que o esforço útil significa o exercício adequado de todas as nossas faculdades; que crescemos apenas por meio desse exercício; que a educação deveria continuar ao longo da vida; que as alegrias do esforço mental deveriam ser, especialmente, o consolo dos idosos; e que onde os homens alternam trabalho, diversão e estudo na proporção certa, os órgãos da mente são os últimos a falhar e, para eles, a morte não apresenta nenhum terror.

Que a posse de riquezas nunca é capaz de isentar um homem do trabalho manual útil; que se todos trabalhassem um pouco, ninguém ficaria sobrecarregado; que se ninguém desperdiçasse nada, todos teriam o suficiente; que se ninguém comesse em demasia, ninguém seria subnutrido; que os ricos e os "educados" precisam de educação tanto quanto os pobres e os analfabetos; que a presença de uma classe servidora é uma condenação e uma vergonha para a nossa civilização; que a desvantagem de ter uma classe servidora recai mais sobre aqueles que são servidos do que sobre aqueles que servem – assim como a verdadeira maldição da escravidão recaiu sobre os proprietários de escravos.

Que as pessoas que são servidas por uma classe servidora não podem ter a devida consideração pelos direitos dos outros, e desperdiçam tempo e substância – e ambos são perdidos para sempre – e apenas aparentemente podem ser compensados por um esforço humano adicional.

Que o sujeito que vive do trabalho dos outros, sem oferecer em troca o melhor que puder, é realmente um consumidor de vidas humanas e, portanto, não deve ser considerado melhor do que um canibal.

Que cada um que vive naturalmente fará seu melhor, mesmo que no serviço útil não haja melhores nem piores.

Que separar um dia dos sete como "santo" é realmente absurdo e serve apenas para afrouxar a nossa compreensão do presente tangível.

Que todos os deveres, cargos e coisas úteis e necessários à humanidade são sagrados – e que nada mais é ou pode ser sagrado.

PREPARANDO-SE PARA A VELHICE

Certa vez, um aluno fez a Sócrates a seguinte pergunta: — Que tipo de pessoa seremos quando chegarmos aos Campos Elísios[23]?

E a resposta foi esta: — Seremos o mesmo tipo de pessoas que éramos aqui.

Se existe uma vida depois desta, estamos nos preparando para ela agora mesmo, assim como me preparo hoje para meu dia de amanhã.

Que tipo de homem serei amanhã? Ah, praticamente o mesmo tipo de homem que sou agora. O tipo de homem que serei no próximo mês depende do tipo de homem que fui neste mês.

Se estou infeliz hoje, não é muito provável que eu esteja extremamente feliz amanhã. O Paraíso é um hábito. E, se vamos para lá, é melhor que nos acostumemos com ele.

A vida é uma preparação para o futuro, e a melhor preparação para o futuro é viver como se ele não existisse.

Estamos nos preparando o tempo todo para a velhice. As duas coisas que tornam bela a velhice são a resignação e a justa consideração pelos direitos dos outros.

Na peça *Ivan, o Terrível*[24], o interesse gira em torno de um homem, o Czar Ivan[25]. Se alguém que não

---

23 Paraíso, na mitologia grega. (N. do T.)
24 Drama histórico escrito por Alexei Tolstói (1817-1875) e publicado em 1866. (N. do T.)
25 Ivan IV (1530-1584), conhecido como Ivan, o Terrível, foi o grão-príncipe de Moscou de 1533 até a fundação do Czarado da Rússia, em 1547, passando, então, a reinar como czar até a sua morte. (N. do T.)

Richard Mansfield[26] desempenhasse esse papel, não perceberíamos nada nisso. Apenas teríamos um vislumbre da vida de um tirano que percorreu toda a gama de terrores, mau humor, egoísmo e rabugice. A propósito, esse homem tinha o poder de matar outros homens, e o fez simplesmente seguindo seus caprichos e temperamento. Foi um homem vingativo, cruel, irascível, tirânico e terrível. Ao sentir a aproximação da morte, ele decidiu fazer as pazes com Deus. Mas atrasou essa questão por tempo demais. Não chegou a perceber, durante sua juventude e na meia-idade, que estava se preparando para a velhice.

O homem é o resultado de causas e efeitos, e as causas estão, até certo ponto, em nossas mãos. A vida é um fluido, e tem sido justamente chamada de fluxo da vida – estamos indo, fluindo rumo a algum lugar. Tire as vestes e a coroa de Ivan e ele poderia muito bem ser um velho fazendeiro vivendo em Ebenézer[27]. Cada cidade e aldeia tem seu próprio Ivan. Para ser um Ivan, basta liberar o temperamento e praticar a crueldade com qualquer pessoa ou coisa ao seu alcance, e o resultado será uma preparação segura para uma velhice rabugenta, irascível, exigente, arrogante, melindrosa e tola, marcada com muitos rompantes de ira, pavorosos em termos de futilidade e ineficácia.

A infância não tem o monopólio da birra. Os personagens Rei Lear[28] e Ivan, o Terrível, têm muito em comum.

---

26 Richard Mansfield (1857-1907) foi um ator anglo-alemão famoso por suas atuações em peças shakespearianas e em óperas. (N. do T.)

27 Região nos atuais territórios de Israel e Palestina onde ocorreram as guerras de Israel contra os filisteus descritas no livro "Samuel", da *Bíblia*. (N. do T.)

28 Protagonista da tragédia teatral de mesmo nome de William Shakespeare, publicada em 1606. (N. do T.)

Quase se poderia acreditar que o escritor de Ivan sentiu a incompletude de Lear e viu o absurdo de se fazer um melodramático pedido de empatia a este velho, expulso pelas filhas.

Lear, o problemático, Lear, de cuja língua ágil saltavam constantemente palavras impublicáveis e nomes de baixo calão, não merece nenhuma piedade de nossas mãos. Durante toda a sua vida, ele treinou as três filhas exatamente para o tratamento que acabaria por receber delas. Durante toda a sua vida, Lear preparou a queda que lhe ocorreria naquela sombria tempestade noturna.

— Ah, muito mais afiado do que o dente de uma serpente é ter um filho ingrato — choraminga ele.

Há algo tão ruim quanto um filho ingrato: um pai ingrato – um pai raivoso e irritante que possui um vocabulário baixíssimo e disposição para usá-lo.

A incongruência em Lear reside em dar-lhe uma filha como Cordélia. Tolstói e Mansfield parecem verdadeiros, e Ivan, o Terrível, simplesmente é o que é, sem desculpas, justificativas nem explicações. É pegar ou largar: se você não gosta de peças desse tipo, vá assistir a uma apresentação de vaudeville[29].

O Ivan de Mansfield é terrível. O Czar não é extremamente velho – não passa dos setenta anos – mas podemos ver a Morte farejando seu rastro. Ivan perdeu toda a capacidade de repousar. Ele não pode ouvir, ponderar e decidir – não é capaz de pensar em nenhum homem ou coisa, de tê-los em consideração – este é o hábito da sua

---

29 Gênero teatral de variedades predominante nos Estados Unidos e no Canadá entre os anos 1880 e 1930. (N. do T.)

vida. Suas mãos ossudas nunca ficam paradas – os dedos abrem e fecham, mexendo em alguma coisa sem parar. Toca a cruz no peito, ajusta suas joias, coça o alto da cabeça, tamborila os dedos, levanta-se nervoso e espia atrás do trono, prende a respiração para ouvir melhor. Quando as pessoas se dirigem a ele, lança-lhes terríveis pragas no caso de se ajoelharem, e acusa-as de falta de respeito se continuam de pé. Ordena que seja dispensado dos cuidados do Estado e, em seguida, treme de medo de que seus subalternos acreditem no que diz. Quando lhe pedem que permaneça como governante da Rússia, amaldiçoa seus conselheiros, acusando-os de sobrecarregá-lo com fardos que eles próprios não se esforçariam para suportar.

Ele é vítima do *amor senilis*[30] e, nesse ponto, se Mansfield avançasse um pouco, seu realismo seria terrível demais – mas ele para, e apenas sugere o que não ousa expressar. Esse velho cambaleante, trêmulo, babando e fungando está apaixonado – está prestes a se casar com uma jovem e linda garota. Escolhe joias para ela, faz comentários sobre o que será de sua beleza, zomba e ri em um falsete estridente. Há – naturalmente – algo de agradável na animalidade da juventude, mas os vícios de um homem velho, quando se tornam apenas mentais, são extremamente revoltantes.

As pessoas ao redor de Ivan têm um terror mortal dele, pois ainda se trata do monarca absoluto – ele tem o poder de promover ou desgraçar, de tirar suas vidas ou libertá-las. Assim, todos riem quando ele ri, choram

---

30 "Amor dos velhos", em latim. (N. do T.)

quando ele chora e observam seu humor fugaz com o coração palpitando.

Ele é intensamente religioso e usa o manto e o capelo de um padre. Ao redor do seu pescoço pende o crucifixo. Seu medo é morrer sem ter a oportunidade de se confessar e ser absolvido. Ele ora ao alto dos Céus a cada instante, beija a cruz, e sua velha boca desdentada intercala, a um só fôlego, orações a Deus e maldições aos homens.

Se alguém está falando com ele, olha para o outro lado, escorrega no trono até que seus ombros cheguem ao assento, coça a perna e continua a fazer comentários ofensivos... — Sim. Ah, claro. Certamente. Arre, essa é boa! — Há um lado cômico em tudo isso que alivia a tragédia, evitando que a peça se torne repugnante.

Vislumbres do passado de Ivan são mostrados em suas confissões espasmódicas – ele é o mais miserável e infeliz dos homens, e pode-se ver que ele está colhendo o que semeou.

Durante toda a sua vida ele se preparou para esse momento. Cada dia foi uma preparação para o seguinte. Ivan morre em um ataque de ira, lançando maldições sobre a própria família e a corte – morre em um ataque de ira propositalmente provocado por um homem que sabe que tal explosão certamente matará o monarca enfraquecido.

Para onde vai Ivan, o Terrível, quando a Morte lhe fecha os olhos?

Não sei. Mas creio no seguinte: nenhum confessionário pode absolvê-lo – nenhum padre pode beneficiá-lo – Deus nenhum vai perdoá-lo. Ele condenou a si próprio, e começou essa obra ainda jovem. Estava se preparando durante toda a vida para a sua velhice, e esta velhice estava se preparando para o ato final.

O dramaturgo não diz nada disso, Mansfield não diz isso, mas eis a lição: o ódio é um veneno, a ira é uma toxina, a sensualidade leva à morte, o apego egoísta acende o fogo do inferno. Tudo é uma preparação – causa e efeito.

Se algum dia você for absolvido, deverá absolver a si mesmo, pois ninguém mais poderá fazê-lo. E quanto mais cedo você começar, melhor.

Muitas vezes ouvimos falar das belezas da velhice, mas a única velhice que é bela é aquela para a qual o homem se prepara há muito tempo, vivendo uma vida bela. Cada um de nós está agora mesmo se preparando para a velhice.

Pode ser que haja um substituto em algum lugar do mundo para a Natureza Boa, mas eu não sei onde ele pode ser encontrado.

O segredo da salvação é este: Seja Gentil.

A QUESTÃO DO EX-CONDENADO

Às vezes, as palavras ficam contaminadas, caem em má reputação e são descartadas. Até a época de Elizabeth Fry[31], nos registros oficiais da Inglaterra aparecia a palavra "casa de loucos". Depois, essa expressão foi eliminada, e a palavra "hospício" a substituiu. Vinte anos mais tarde, em vários estados dos Estados Unidos, descartou-se a palavra "hospício", utilizando, então, a palavra "hospital".

Em Jeffersonville, no estado de Indiana, está localizado um "reformatório" que há alguns anos era conhecido como uma penitenciária. A palavra "prisão" teve um efeito deprimente e "penitenciária" lança-lhe uma sombra teológica, e é por isso que certas palavras têm de desaparecer. À medida que nossas ideias acerca dos crimes mudam, mudamos nosso vocabulário.

Há alguns anos falava-se sobre hospícios para surdos – e, por muito tempo, a palavra "embotado" era utilizada para se falar dos indivíduos surdos, tendo sido, por fim, eliminada de todos os documentos oficiais de todos os estados do país, pois descobrimos, com a ajuda de Gardner G. Hubbard[32], que surdos não são pessoas embotadas e, não tendo esse tipo de deficiência, certamente não necessitam

---

31 Elizabeth Fry (1780-1845) foi uma reformadora das prisões inglesas, possibilitando a promulgação de novas leis para tornar mais humano o tratamento dos presos. (N. do T.)
32 Gardiner Greene Hubbard (1822-1897) foi um advogado, financista e líder comunitário americano. Apesar do mesmo sobrenome, não tem nenhuma relação familiar com o autor. (N. do T.)

de um hospício. No entanto, precisam de escolas e, por isso, em todos os lugares, estabelecemos escolas para surdos.

As pessoas surdas são tão capazes, competentes e hábeis para ganhar a vida honestamente quanto os sujeitos que podem ouvir.

A "sentença incerta e indeterminada" é um dos expedientes mais sábios já utilizados no direito penal. E é somente a esta geração que deve ser dada a honra de usá-la pela primeira vez. O infrator é condenado, digamos, a um a oito anos de prisão. Isso significa que se o preso se comportar bem, obedecendo às regras, demonstrando o desejo de ser útil, receberá liberdade condicional ao final de apenas um ano.

Se ele se comportar mal e provar não estar apto para a liberdade, será detido por dois ou três anos, e talvez venha a ter de cumprir os oito anos inteiros. — Quanto tempo você tem de cumprir? — perguntei a um condenado em Jeffersonville, que cuidava das flores diante das muralhas. — Eu? Ah, tenho que ficar preso por dois anos, de uma sentença de quatorze — foi a resposta do homem, acompanhada de um sorriso.

A antiga proposta de "pena reduzida", permitindo dois ou três meses de folga por ano por bom comportamento, foi um passo na direção certa, mas, em breve, a sentença indeterminada será a regra para os primeiros infratores em todo canto.

A sentença indeterminada lança sobre o próprio homem a responsabilidade pela duração do seu confinamento e tende a aliviar de seu horror a vida na prisão, mantendo as esperanças. O homem tem a redução de sua pena em mente todo o tempo e, geralmente, torna-se muito cuidadoso para não fazer nada que a coloque em risco. Tanto a insurreição quanto uma tentativa de fuga podem significar que todos os dias de sua longa pena terão de ser cumpridos.

Assim, mesmo as mentes mais embotadas e insensíveis percebem que vale a pena fazer o que é certo – a lição lhes é transmitida de uma maneira como nunca acontecera antes.

O antigo preconceito dos homens de negócios contra o homem que "cumpriu pena" deve-se principalmente à sua incompetência, e não ao seu histórico. Os métodos de encarceramento que traziam à tona um homem odioso, deprimido, assustado, reprimido pelos trabalhos forçados – feitos em completo silêncio –, deformado pelos grilhões, calejado pelo tratamento brutal e pelo constante pensamento de ter se tornado um criminoso, era algo maléfico tanto para o prisioneiro quanto para os guardas e a sociedade. Mesmo um homem justo seria destruído por um tratamento assim e, em apenas um ano, seria transformado em um homem dissimulado, reticente e moralmente doente. Os homens recém-saídos da prisão não podiam fazer nada – necessitavam de supervisão e atenção constantes e, por isso, obviamente não tínhamos nenhuma preocupação em contratá-los.

O ex-condenado de agora é um homem completamente diferente do ex-condenado que acabara de tirar seu uniforme de prisioneiro nos anos 1870, graças àquele homem tão difamado, Brockway[33], e alguns outros.

---

33 Zebulon Reed Brockway (1827-1920) foi um advogado criminalista, considerado o "pai da liberdade condicional" nos Estados Unidos. (N. do T.)

Talvez tenhamos de encarcerar alguns homens para o bem deles mesmos e para o bem da sociedade, mas não devemos puni-los. A mera prisão é penalidade suficiente – acreditamos que os homens são punidos por seus pecados, não para eles.

Quando os homens são agora enviados para uma penitenciária, o esforço e a esperança concentram-se em devolver à sociedade um homem melhor do que aquele que lá entrou.

O Juiz Lindsey[34] manda meninos para o reformatório sem nenhum oficial nem guarda. Os meninos vão por conta própria, carregando seus próprios papéis de confinamento. Eles batem no portão exigindo sua entrada em nome da lei. O menino acredita que o Juiz Lindsey é seu amigo e que a razão pela qual foi enviado para o reformatório é para que possa dali retirar melhorias que sua plena liberdade não é capaz de oferecer. Quando pega seus documentos de confinamento, ele não está mais em guerra com a sociedade e com os guardiões da lei. Ele acredita que o que está sendo feito por ele é o melhor e, assim, ele entra na prisão – que, por fim, não haverá de ser uma prisão, mas uma escola onde o rapaz aprenderá a economizar tempo e dinheiro e a se tornar útil.

Outras pessoas trabalham para nós e devemos trabalhar para elas. Essa é a lição suprema que o menino aprende. Você só pode ajudar a si mesmo ajudando os outros.

Agora, eis uma outra proposta: se um menino ou um homem pega seus documentos de confinamento e vai

---

34 Benjamin Barr Lindsey (1869-1943) foi um juiz e reformador social dos Estados Unidos. (N. do T.)

para a prisão sozinho, desacompanhado, é necessário que ele fique lá trancado, encarcerado em um redil, sob os cuidados de guardas munidos de armas fatais?

O Superintendente Whittaker[35], da instituição de Jeffersonville, Indiana, diz: — Não. — Ele acredita que dentro de dez anos acabaremos com os muros altos e manteremos nossas armas carregadas fora da vista e, em grande medida, também tiraremos as grades das janelas das prisões, assim como já as tiramos das janelas dos hospitais para doentes mentais.

No reformatório ainda pode ser necessário manter uma guarita durante mais alguns anos, mas o muro alto deve ser derrubado, assim como lançamos os grilhões, os trabalhos forçados e o infeliz uniforme listrado para o lixo do tempo – perdido na memória das coisas que existiram.

Quatro homens em cada cinco no reformatório de Jeffersonville não precisam de coerção, pois não haveriam de fugir se as paredes fossem destruídas e as portas fossem deixadas destrancadas. Vi ali um jovem que recusou a liberdade condicional que lhe ofereceram – ele queria permanecer no reformatório até aprender seu ofício. E não foi o único com uma atitude mental semelhante.

No geral, a qualidade dos homens nas prisões é praticamente a mesma dos homens que estão no Exército dos Estados Unidos. O homem que se alista é um prisioneiro; para ele, fugir representa uma ofensa gravíssima, mas ele não fica trancado à noite, nem cercado por um muro alto.

---

35 William Henry Whittaker (1853-1915) foi um advogado e legislador dos Estados Unidos. (N. do T.)

A George Junior Republic[36] é simplesmente uma fazenda, sem cercas nem patrulhamento – a não ser o que é feito pelos próprios meninos residentes nela –, mas, ainda assim, continua a ser uma instituição penal. A prisão do futuro não será diferente de um internato para jovens, onde ainda prevalece a prática de agrupar todos os institucionalizados sob a vigilância de um guarda e não permitir que ninguém saia sem uma autorização por escrito.

À medida que a sociedade muda, muda também o chamado criminoso. De qualquer forma, só sei de uma coisa: Max Nordau[37] continua a não ter razão.

Não existe classe criminosa.

Ou, se pensarmos bem, somos todos criminosos. — Tenho em mim a capacidade para todos os crimes — disse Emerson[38].

O homem ou mulher que erra é vítima de um ambiente cruel. Booker Washington[39] afirma que quando o negro tem algo que desejamos, ou pode realizar uma tarefa que desejamos feita, renunciamos às falas racistas e o problema racial deixa então de ser um problema. O mesmo acontece com a Questão do Ex-condenado. Quando o ex-presidiário for capaz de mostrar que é útil ao mundo, o mundo deixará

---

36 Instituição de tratamento para adolescentes infratores no estado norte-americano da Pensilvânia, fundada em 1890 e existente até hoje. (N. do T.)

37 Max Nordau (1849-1923) foi um médico austríaco opositor do relaxamento das penas criminais e de um tratamento mais humanizado aos condenados. (N. do T.)

38 Ralph Waldo Emerson (1803-1882) foi um escritor e filósofo transcendentalista estadunidense. (N. do T.)

39 Booker Taliaferro Washington (1856-1915) foi um educador e líder afro-americano estadunidense. (N. do T.)

de evitá-lo. Quando o Superintendente Whittaker forma um homem, temos uma boa prova de que o homem é capaz e está disposto a prestar um serviço à sociedade.

Os únicos lugares que os ex-presidiários deveriam evitar são os eventos de caridade e os grupos de oração. Um ex-presidiário deveria trabalhar o dia todo e depois passar as noites na biblioteca, alimentando sua mente – assim, ele estará seguro.

Se eu fosse um ex-presidiário, fugiria de todos os "abrigos", "casas de reabilitação", "sociedades beneficentes" e "casas assistenciais" filantrópicas. Eu nunca procuraria esses profissionais bonzinhos, ou pessoas boas profissionais, que tratam com condescendência os pobres e cospem no suposto transgressor, traçando linhas de demarcação bastante precisas para distinguir entre os "bons" e os "maus". Se você puder trabalhar e estiver disposto a fazê-lo, os homens de negócios não estabelecerão limites para você. Arranje um emprego e mantenha-o firme, tornando-se uma pessoa necessária. Os empregadores de mão de obra e os próprios ex-presidiários estão resolvendo rapidamente essa Questão do Ex-condenado, com a ajuda dos tipos mais progressistas de Escolas Reformatórias, onde os internos são ensinados a serem úteis e não são punidos nem tratados com condescendência, simplesmente recebendo uma chance. Meu coração se solidariza com o homem que dá uma chance a um pobre coitado. Eu mesmo sou um pobre coitado!

O GRAMÁTICO

A melhor maneira de aprender a escrever é escrevendo.

Herbert Spencer[40] nunca estudou gramática até aprender a escrever. Ele estudou gramática aos sessenta anos, que é uma boa idade para começar esse estudo tão interessante, pois quando você atinge essa idade já perdeu em grande parte a sua capacidade para pecar.

Homens que sabem nadar muito bem não são aqueles que fizeram cursos de teoria da natação em escolas, com professores da arte dos anfíbios – eram simplesmente garotos que pulavam no velho rio e voltavam para casa com camisetas vestidas do avesso e umidade significativa em seus cabelos.

Cursos por correspondência para o tratamento da bronquite não valem de nada; os tratados sobre a doce arte de cortejar são inúteis – apenas siga o que dita a natureza.

A gramática é o apêndice da pedagogia: é tão inútil quanto a letra "q" no alfabeto inglês, ou as proverbiais duas caudas de um gato – que nenhum gato jamais teve – o melhor gato do mundo, o gato manês[41], nem sequer tem cauda.

---

40 Ver nota 14. (N. do T.)
41 Raça de gato originária da Ilha de Man cuja principal característica é a ausência de cauda. (N. do T.)

— O estilo literário da maioria dos universitários é ordinário, quando não efetivamente ruim — escreveu Herbert Spencer já idoso.

— Todos os ingleses instruídos escrevem da mesma forma — disse Taine[42]. Isto é, homens instruídos que foram treinados para escrever de acordo com certas regras fixas e imutáveis de retórica e gramática produzirão composições semelhantes. Eles não têm estilo literário, já que estilo implica em individualidade e caráter – o estilo é o homem, e a gramática tende a obliterar a individualidade. Nenhum estudo é tão enfadonho para todos quanto o estudo da gramática – a não ser para os charlatães que a ensinam. Há sempre de permanecer um gosto ruim na boca do homem de ideias que passou por tais estudos, e eles certamente afastaram inúmeras mentes brilhantes do desejo de se expressarem por meio da palavra escrita.

A gramática é a etiqueta das palavras, e o homem que não sabe como saudar adequadamente sua avó na rua até consultar um livro, fica sempre tão preocupado com os tempos verbais que suas fantasias rompem a linguagem e lhe escapam.

O gramático é aquele cujo pensamento consiste em encadear palavras de acordo com uma fórmula definida. A própria substância do que ele deseja transmitir é de importância secundária. Oradores que pensam na maneira correta de gesticular não impressionam ninguém.

Se fosse um pecado contra a decência ou uma tentativa de envenenar as mentes das pessoas o fato de uma

---

[42] Hippolyte Adolphe Taine (1828-1893) foi um crítico literário e historiador francês. (N. do T.)

pessoa não saber gramática, poderia ser bastante sábio contratar homens para proteger o poço do inglês desse tipo de contaminação. Mas uma língua estacionária é uma língua morta – apenas a água em movimento é pura – e o poço que não é alimentado por fontes será certamente um criadouro de doenças.

Deixe que os homens se expressem à sua maneira e, se eles se expressarem mal, preste atenção: seu castigo será que ninguém leia suas efusões literárias. O esquecimento – com seu cobertor sufocante – está à espreita do escritor que não tem nada a dizer, e o diz perfeitamente.

A mais excelente autoridade culinária informou-me que, para preparar uma sopa de lebre, o primeiro requisito é caçá-la. O ajudante de cozinha literário que tem algo a oferecer a um mundo faminto, sem dúvida, encontrará uma maneira de cozinhá-lo.

A MELHOR RELIGIÃO

Uma religião que consistisse apenas em ser bom seria uma religião muito boa, você não acha?

Mas uma religião de bondade e esforço útil é quase uma religião perfeita.

Costumávamos pensar que era a crença de um homem em relação a um dogma que iria fixar o seu lugar na eternidade. Isso acontecia porque acreditávamos que Deus era um velho rabugento e reclamão, estúpido, melindroso e ditatorial. Um homem realmente bom não iria amaldiçoá-lo, mesmo que você não gostasse dele, mas um homem mau, sim.

À medida que nossas ideias sobre Deus mudaram, nós mesmos mudamos para melhor. Ou, ao pensarmos melhor em nós mesmos, pensamos melhor em Deus. É o caráter que nos assentará em outro mundo – se é que ele existe – assim como é nosso caráter que nos assenta nesta terra.

Estamos tecendo nosso caráter todos os dias, e a maneira de tecer o melhor caráter é ser bom e útil.

PENSE CORRETAMENTE, AJA CORRETAMENTE.
É O QUE PENSAMOS E O QUE FAZEMOS
QUE NOS TORNA O QUE SOMOS.

Impressão e Acabamento
Gráfica Oceano